Q&A
雨仕舞のはなし——石川廣三[著]

彰国社

まえがき

　2004 年に執筆した『雨仕舞のしくみ 基本と応用』（彰国社刊）は、幸いに幅広く読まれ、今も刊行を続けています。それだけ建築の実務で雨水対策に悩んでいる人が多いことを感じます。同書はできるだけ平易に書くことを心がけたのですが、それでも読者からは学術的内容の部分が多く、少し難解だとの声も聞きます。

　その後 10 余年が経過し、筆者自身、基礎研究面では、雨がかりを中心として新しい知見が増え、また、雨漏り事故の紛争処理や、業界の方々との共同研究の機会を通じて、雨漏りの実態や、現場における雨仕舞の実務の知見も増えました。また、雨仕舞をテーマに連載記事の執筆や、講習会、セミナーの講師を務めることも多くなり、同じ内容でも、より分かりやすく伝えるため工夫を重ねました。

　このような新しい知見と工夫を盛り込んで、気楽に読めて分かりやすく、しかも雨仕舞の実務に役立つ本にしたいと考えてまとめたのが、本書です。読者には主として戸建て住宅の工事に携わる方々を念頭に置きましたが、建築と雨に関心のある方はどなたでも内容に興味を持っていただけると思います。

　雨仕舞に関して、日頃疑問に感じながら調べる時間や手段がなく、

よく分からないままになっているという覚えは誰にでもあるのではないでしょうか。こうした疑問に、よりストレートに答えが得られるように、本書はQ&A形式にしました。長くても1話が数頁の読み切りなので、読者はとりあえず興味を覚えたタイトルの頁を開いていただければ、短時間で日頃の疑問が解消し、スッキリするはずです。また、それぞれの話には、内容に関連があるほかのタイトルも明記しましたので、次々にたどっていけば、自然に全体を通読することができます。

　雨仕舞の基本は、水の動きの科学です。本書には体験的にその一端に触れることができる、六つの「雨仕舞のしくみが見えるオモシロ実験」を収録しました。どの実験も手近にある道具や材料を使って簡単に試せるものです。ぜひとも楽しんでください。

　それでは、本書をひもとき、雨風の条件から建築デザイン、さらにディテールまでの多岐にわたる、奥の深い雨仕舞の世界をのぞいてみてください。

平成30年6月

石川廣三

もくじ

まえがき　　　　　　　　　　　　　　　　　　　　　002

☂ 雨仕舞とは

Q 01　雨仕舞と防水、どこがちがう？　　　　　010

Q 02　雨仕舞は匠の秘伝？　　　　　　　　　015

Q 03　防水層やシーリング材はいつ頃から使われ始めた？　017

Q 04　開くべきか、閉ざすべきか？　　　　　　021

Q 05　濡れるべきか、はじくべきか？　　　　　024

Q 06　地下道の水漏れはどこへ消えた？　　　029

Q 07　雨漏りと雨水浸入、どこがちがう？　　033

♣ 水の動きの原理

Q 08　ガラリの羽根、雨が吹き込みにくいのは、　040
　　　　横向き、縦向きのどっち？

Q 09　毛細管現象で雨は漏るか？　　　　　　044

Q 10　雨が漏らないひび割れ幅はどのくらい？　049

Q 11　外に向いて開いたオープン・ジョイントの　052
　　　　防雨性能が高いわけは？

Q 12　等圧設計はどこの圧力が等しい？　　　056

Q 13　雨仕舞に活きるキッチンの技とは？　　059

☂ 雨の降り方

Q 14 1時間雨量100mmと降雨強度100mm/hrは同じ? 068

Q 15 イギリス人はなぜ傘を差さない? 071

Q 16 過去の大雨の記録は? 075

Q 17 雨量1mmは水量でどのくらい? 079

Q 18 雨水が壁に浸み込む速さは雨が強いほど大きい? 084

Q 19 雨と風の強さ、雨漏りが増えるのはどっち? 089

Q 20 大雨と強風が同時に起きる確率は? 092

♣ 雨がかり

Q 21 雨の傾きと風速の関係は? 102

Q 22 壁に当たる雨の向きは風向きと同じ? 106

Q 23 高層ビルの壁に吹き付ける雨はどこに行く? 109

Q 24 軒の出寸法で雨がかりはどれくらい変わる? 113

Q 25 地面に落ちた雨はどれくらい跳ね上がる? 119

☂ 雨とデザイン

Q 26 土の陸屋根が使われているのはどんな地域? 128

Q 27 白樺の皮を押さえる丸太の先が尖っているわけは? 132

Q 28 茅葺き屋根はなぜ雨が漏らない? 136

Q 29 水切り瓦は本当にしっくい壁を風雨から守っている? 140

もくじ

Q 30 立上りが取れない内開き窓の下枠から 143
雨が入らないわけは？

Q 31 屋根勾配がきついほど雨仕舞は良い？ 145

Q 32 軒0（のきゼロ）、どこが問題？ 150

Q 33 ケラバの出の大小を決めるのは？ 153

Q 34 雨漏りしやすい建物の形は？ 157

Q 35 雨漏りしやすい屋根の形は？ 162

Q 36 住宅で雨漏りしやすい部位は？ 167

♣ 雨仕舞の納まり

Q 37 水切りは板金だけではない？ 176

Q 38 水が切れる幅や高さはどのくらい？ 181

Q 39 水切りや雨押えの立上りは大きいほど 185
雨水の逆流に強い？

Q 40 雨仕舞と洗濯板の関係とは？ 190

Q 41 雨水は屋根面や壁面を横に走る？ 196

Q 42 水抜きの急所はどこ？ 200

Q 43 水抜きパイプの高さは逆流防止に役立つか？ 204

Q 44 ヨーロッパの瓦屋根には野地板がない？ 208

Q 45 半端瓦ってなに？ 211

Q 46 勝手瓦ってなに？ 215

☂ 雨に強い家づくり

Q 47 水に強くなっている? 日本の住宅　222

Q 48 RC造とどこがちがう? 木造の雨対策の基本　231

Q 49 雨漏りはなぜなくならない?　237

Q 50 雨仕舞と宇宙工学の共通点は?　241

♣ 雨仕舞の しくみが見える オモシロ実験

ex 01 コップの中の水は縁を乗り越えるか?　036

ex 02 水は壁面を真下に流れるか?　064

ex 03 防水シートが防水しなくなる時?　098

ex 04 鏡の面を水が横に流れる?　123

ex 05 水を透すシートで水漏れが止まる?　172

ex 06 逆さまにしたペットボトルの口から水は出る?　217

あとがき　247

カバーデザイン&本文アートディレクション +DTP
(Ya)matic studio

雨仕舞とは
あまじまい

Q 01

雨仕舞と防水、
どこがちがう?

雨も水の一種ですから、雨仕舞も広い意味では防水だという考え方もできますが、本書では、防水は防水層やシーリング材などの防水材料を施工して水を止めることに、雨仕舞は防水材料が普及するずっと前から行われてきた、部位の形態や部材配置の工夫を主体にした雨対策に、それぞれ意味を限定して呼び分けることにします。

さて、建物で雨漏りが起きるためには、

1. 雨水が通り抜ける孔(隙間)が存在すること
2. 孔のまわりに雨水が存在すること
3. 孔を通して雨水が移動するための力が働くこと

の三つの条件がすべてそろうことが必要です。このうちどれか一つでもなくせば雨漏りは起きません。この説は、1963年にカナダの建築研究所のG. K. ガーデン氏が唱えたものです。

孔がなければ当然雨は漏りません。孔があいていても雨水がそばに来なければやはり雨漏りは起きません。孔のまわりに雨水が

あっても、それを孔に引き込んだり押し込んだりする力が働かなければ、水はそれ以上動かず、雨漏りにはなりません。こう考えると、この説は雨漏り防止の原則を極めて明快に説明したものと言えます。

すると、雨漏りを防ぐ方法も三つあることになります。

まず、雨漏りの可能性のある孔をすべて塞ぐことです。このためには防水効果の高い材料を適切に施工することが必要です。防水はまさにこの方法に該当します。次は雨漏りの可能性があるところに雨水を近付けないことです。具体的には雨を当てない、流さない、跳ね返らせない、溜めないということです。三番目は孔を通して雨水を移動させる力が働かないようにするか、雨水の移動が起きても途中まででそれ以上進まないように孔の位置や形状、寸法を工夫することです。二番目と三番目の方法は防水材料に依存せずに成り立つ方法であり、これが雨仕舞の本質だということになります。

建築構法として定義すると、防水は建物外面に不透水性の連続面を形成することです。この目的に用いられるのが各種の防水層やシーリング材です。一方、雨仕舞は、雨水を近づけない、入り込ませないように、部位の形態、部材の配置と組合せを選択することです。たとえば、軒の出を十分大きくして壁面の雨がかりを防ぐとか、使う葺き材に適した屋根勾配とし、十分な重ね寸法をとるなどがそれに当たります。これによって、部材と部材の間が不連続であっても雨水を適切に処理し、雨漏りを防ぐことが可能になります。

雨を防ぐ技術として、雨仕舞と防水にはどのような違いがあるでしょうか？　いろいろな視点から二つの技術を対比した表1で、それぞれの特徴を見ていきましょう。

↑　雨仕舞とは

表1 ●雨を防ぐ技術としての防水と雨仕舞の対比

区分	防水	雨仕舞
効用	水を止める単一の機能	止水、汚れ防止、劣化軽減を含む
適用	屋根、外壁、床、水槽	屋根、外壁
防雨性能	想定する風雨の負荷に限界はない	風雨の負荷に応じた有効性の限界がある
意匠	いかなる建築形態にも適用可能	建物の外観に反映する
信頼性	施工技術と工事管理次第	施工技術や環境に比較的左右されない
耐久性	材料の耐用年数は比較的短い	耐候性がある材料で構成され、長期間同じ性能が期待できる
メンテナンス	頻繁なメンテナンスが必須	メンテナンス頻度は比較的低い。ホコリの詰まりへの対策が必要
挙動の影響	動きが大きい下地に適応しにくい	影響を受けにくい
湿気の遮断	下地の乾燥を妨げやすい	隙間から湿気を逃がしやすい

まず、その効用として、防水は水を止める単一の機能しかありませんが、雨仕舞はそのほかに汚れ防止や劣化外力の軽減など、より広い働きが期待できます。一方、適用できる部位としては、雨仕舞は屋根と外壁に限られますが、防水のほうは屋根、壁はもちろん、床、地下、水槽、プールなどにも適用することができ、このことにより建物の利用目的を広げています。次に、雨を防ぐ能力について、防水には対応できる雨量や風速などの限界は事実上ありませんが、雨仕舞には部位や納まりの形態・寸法から定まる限界があります。

　建築デザインとの関係はどうでしょう？　防水は水を溜めることができる技術ですから、屋根をフラットにすることもできます。壁面全体をシームレスに仕上げることも可能です。極端に言えば、デザインに無限の可能性を開きます。一方、部位の形態や部材の納まりで雨対策を行う雨仕舞は、屋根に勾配がある、壁から軒が出る、壁面に水切りのラインが現れるなど、建物の意匠に直接反映します。

　かつて、ル・コルビジェが提唱した近代建築の5原理の中に屋上庭園、自由な平面、自由な立面があります。その建築計画的な意味はさておき、見方によっては、これらはいずれも防水の適用によって大いに可能性が開かれたデザイン原理と言えます。この意味で、防水は近代建築の実現を陰で支えた技術と言えるかもしれません。

　施工の信頼性や耐久性の観点は重要です。防水の成否を決める材料の連続性、密着性や接着性は施工の技量、施工環境に左右され、高度な工事管理が必須です。また、一般に有機質である防水材料の耐用年数は比較的短く、頻繁なメンテナンスが不可欠です。これに対して、部材の連続性に依存しない雨仕舞は、防水に比べ

雨仕舞とは

て施工技術や環境に左右されることが少なく、また、耐候性の高い素材で構成された納まりは、部材の位置が変化しない限り、長期間同じ性能を維持し続けることができます。ただし、経年によって部材間にホコリが堆積し、雨漏りの原因になることがあるので、これについては対策が必要です。

　また、下地の動きに伴う疲労破壊の問題がある防水は、木造など、動きの大きい下地への適用に制限がありますが、部材の連続性に依存しない雨仕舞はこの影響を受けません。最後に透湿防水シートなどの例外を除くと、一般に防水材料は水を止めると同時に湿気も止めるため、下地の水分の乾燥が妨げられ、それが劣化につながることがありますが、もともと部材間に隙間があっても成り立つ雨仕舞では、隙間から湿気が逃げやすいため、この問題もありません。

　以上を要約すると、防水はいろいろな意味で建築の可能性を広げる優れた技術ですが、信頼性が施工に左右され、頻繁なメンテナンスを必要とすることが最大の泣きどころです。一方、雨仕舞は意匠面に制約を与え、また止水の決定打にはなれないのですが、防水の持つ上記のような問題点を補う良い面があります。どちらか一方に偏ることなく、両者の優れた面を活かし、欠点を補い合うように二つの技術をうまく組み合わせて使うことが最良の道だと思います。

Q 02

雨仕舞は匠の秘伝？

雨露をしのぐことは建物をつくる上での最も根源的な要求です。人間が地上に住居をつくり始めて以来、工匠たちはその時代の建築様式に応じて、長期間風雨の作用に耐える家づくりの工夫を凝らしてきました。もちろん、現在用いられているような防水材料が普及する前の時代ですから、その手法は、屋根や外壁の各所における雨水の振る舞いの経験的な理解に基づく雨水処理であり、こうして長い年月をかけて蓄積されてきた知恵が雨仕舞と呼ばれるものです。ただ、その知恵は試行錯誤の積み重ねによって生まれ、理論や実験データの裏付けがありません。また、技法としての最終的な形だけがそれぞれの専門技能の中の教えとして伝承され、原理についての十分な説明を伴わないために、科学的な意味や内容が極めて分かりにくくなっています。

一例を挙げてみましょう。瓦葺きの技能者向け教科書の「良い瓦屋根をつくるために」という章に出てくる、「雨漏りにつながる、これだけはやってはいけない気を付ける点」の一節に、「隅棟、特に右隅の勝手瓦において、下部の瓦より大きな小勝手を入れてはいけない」という記述があります。瓦工事特有の用語の難しさや複

雨仕舞とは

雑な納まりのせいもありますが、これだけを読んで、雨仕舞として どのような問題があるのか理解できる人は、瓦屋根業界の人を 除くと建築の専門家でもほとんどいないのではないでしょうか？ このような難解さと、「雨仕舞」という、少し古めかしい語感が合 わさって、雨仕舞が、その道を極めた専門職だけが知る秘伝の技の ように思っている人も少なくないと思います。

しかし、建築のデザインと材料・構造は時代と共に変化しま す。特定の建築形態や部材構成について成り立ってきた雨 仕舞技法の形だけの理解は、こうした変化に応用が利きません。

「Q01：雨仕舞と防水、どこがちがう？」で述べたように、雨 仕舞は建物に対する降雨の作用、建物の表面や隙間における雨水 の動きの理解によって成り立っており、その本質は雨水の動きの 科学と言えます。これらの科学の具体例として、雨そのものや雨 の降り方、降雨の統計や予測については気象学、表面や隙間の水 と空気の流れについては流体工学、表面の濡れについては界面化 学、建物各部への風の作用については風工学などが挙げられます。 これらの科学領域の理論と知見を総合し、必要に応じて実験で検 証することが、どのようなデザイン、構法に対しても共通に適用 できる普遍的な雨仕舞手法の源なのです。拙著『雨仕舞のしくみ 基本と応用』（彰国社、2004 年）は「雨仕舞を科学から読み解く」 を主眼として書いた本です。ぜひ、本書と併せてお読み頂くこと をお奨めします。

なお、勝手瓦の雨仕舞については、「Q46：勝手瓦ってなに？」 で取り上げていますので参照してください。

Q 03

防水層やシーリング材は
いつ頃から使われ始めた？

防水の技術そのものの歴史は、古代文明までさかのぼりますが、屋根や壁の雨対策を防水によって行うようになったのは、比較的最近のことです。陸屋根防水の始まりは、アメリカで 1850 年頃です。当時、五大湖地方で製鉄産業が興り、必要なコークスを石炭から製造する時、副産物として出るコールタール、ピッチは、最初海に廃棄されたりしていましたが、これらを紙やフェルトに浸み込ませ、またその積層に用いて防水層にしたもので、1868 年に、マイケル・エレ・ジュニア がこの防水層の特許を取得したと記録されています。当時、大都市では、電灯が普及する以前の照明の主流だったガス灯に用いる石炭ガスの需要が多く、コールタール、ピッチはその製造の副産物であったとする説もあります。

アスファルト（当初は天然アスファルトを使用）を屋根防水に使うことも同じ頃に始まったようです。タール、ピッチ、アスファルトなどの瀝青質材料は、勾配屋根では夏期に軟化して流動してしまうので、積層防水を用いる屋根の形態は必然的に陸屋根になり、低コストで建設できました。そのため、1876（明治 9）年

⛱ 雨仕舞とは

のシカゴ大火、1906（明治39）年のサンフランシスコ大地震の大火での住宅復興需要をきっかけとして、陸屋根防水の採用が急速に進んだとされています。

日本で最初に屋上にアスファルト積層防水を用いた建物は旧大阪瓦斯本社ビルとされており、1905（明治38）年に竣工しています。シート防水や塗膜防水の歴史はもっと新しく、日本ではシート防水は1950年頃、ウレタン防水は1965年頃、住宅のバルコニーなどに多く使われているFRP防水は1980年頃から普及し始めました。

シーリング材はどうでしょう？　少し年配の設計士や建築工事関係者は、シーリングの替わりにコーキングという語を使います。コーキング calking は、隙間を埋めるという意味です。昔から、木造船の船板の隙間や、たるの側板の隙間から水が漏らないように、獣毛、植物繊維などを詰め込むことが行われ、これをコーキングと呼びました。船板のコーキングの材料はその後、アスファルトやタールに替わっていきます。ちなみに、木造船から鉄船の時代になると、コーキングはリベット止めの外板の継ぎ目をタガネで目つぶしする作業を指すようになり、やがて全溶接船の時代になって不要になります。

一方、シーリング sealing は、密封するという意味の語です。コーキングが作業を指すのに対して、シーリングは目的を指しています。ですから、同じ工事に二つの呼び方があるのは別に不思議はないわけです。

現在のノズルから押し出して充填するタイプのシーリング材（正式には不定形シーリング材）の前身である、樹脂分と鉱物質粉末を混合したペースト状の材料は、油性コーキング材と呼ばれていたので、ベテランにとってはコーキングという呼び方のほ

うがなじみが深いのかもしれません。油性コーキングは表面に皮膜が張りますが、内部は液状に保たれる特徴があり、日本では1952年にアメリカから輸入して使われたのが最初です。

現在一般的になっている、大きなゴム状弾性変形能力を持つシーリング材の最初のものは、ポリサルファイド系で、アメリカでは1950年代に盛んに建設された高層ビルのカーテンウォールの目地に使用され、日本には1958（昭和33）年に輸入され、1963（昭和38）年に国産化されています。

こうして見ると、人類による長い建築の歴史において、現在私たちが当然のように考え、利用している防水材料による雨対策は、19世紀半ば以降に始まったもので、それ以前の時代にはすべて雨仕舞によるほかはなかったということになります。このように長い歴史の中で培われ、受け継がれてきた雨仕舞の知恵の有用性は、今も変わることはありません。防水の技術が普及した現在の家づくりにおいても、私たちはその価値を見失わないようにしなければなりません。

と ころで、シーリング材の発達に関連して、興味深いエピソードがあります。近代建築の巨匠、フランク・ロイド・ライトが設計したジョンソン・ワックス本社（1939年完成）の屋根や開口部には、パイレックスガラスのチューブを平行に並べた面から採光するという、斬新なデザインが採用されました。シーリング材が発達する以前の建設ですから、ガラスチューブの継ぎ目からの止水には、ガラスパテをはじめとして様々な材料が試されました。しかし、ことごとく失敗して雨漏りが止まらず、ガラスとの密着性に優れたシリコーン系シーリング材が開発されてやっと雨漏りしなくなるまで、実に20年を要したということです。

Q01で、防水技術が近代建築のデザインを支えたとも述べま

雨仕舞とは

したが、天才建築家の発想は技術の進歩のはるか先を行っていたということになります。

写真1●パイレックスガラスチューブの採光面
(ジョンソン・ワックス本社、F. L. ライト設計)

Q 04

開くべきか、
閉ざすべきか?

シェークスピアの戯曲、ハムレットの科白を真似たわけではありませんが、雨仕舞では、部材の隙間を広げるのと、狭くするのとで、どちらが正解かという問題です。もちろん、一概にどちらと決められる話ではないのですが、このテーマには雨仕舞の本質を突いたところがあるので、あえて二択にしてみました。最初に答えを言ってしまうと、「開くのが、より正しい」となります。

　水を止めるなら隙間を狭くするべきでは、と疑問を持たれる方も多いと思います。しかし、雨水の動きに関して、狭い隙間にはいろいろ問題があります。まず、毛細管現象があります。毛細管現象は隙間を連続的に満たす水の先端が、隙間の内面に接する部分で水の表面張力によって引き込まれることによって起きます。狭い隙間ほど、容易に連続して水で満たされ、また、上向きに働く表面張力で隙間の水が容易に引き上げられるので、隙間の奥まで水が入り込みやすくなります。隙間が広がると連続して水で満たされにくくなるため、毛細管現象は起きにくくなります。

　屋根の板金工事では「ハゼを潰さない」が常識です。これは、

☂　雨仕舞とは

ハゼを潰してしまうと密着した金属板同士の隙間の毛細管作用で雨水が浸み込むためです。また、屋根スレートなど、重ね部が密着した屋根材では、屋根面上の土ボコリが、屋根材の隙間に毛細管作用で吸い上がる雨水に巻き込まれて入り込み、長い間に堆積して隙間を塞ぐ結果、さらに毛細管現象を助長します。

　また、狭い隙間ほど、外部側の入り口が雨水の膜で塞がれやすくなります。水膜が連続的に張らなくなる隙間幅は、隙間の形状や開口の向きによって異なりますが、実験によれば、水平目地の場合、最大8mm程度までの隙間は水膜で塞がります。

　外装材目地の防水設計の考え方に、クローズド・ジョイントとオープン・ジョイントという区分があります。クローズド・ジョイントは、シーリング材などで外部側を塞いだ目地、オープン・ジョイントは外部側を開放した目地です。クローズド・ジョイントは、シーリング材が有効に機能している間は問題ありませんが、いったんシーリングが切れてわずかでも隙間ができると、強風雨時に入り口を塞いだ水膜に圧力差が作用して、雨水が押し込まれやすくなります。オープン・ジョイントは目地の入り口に水膜が張らないために、雨水に直接圧力差が作用せず、結果的に、高い水密圧力差を得ることができます。オープン・ジョイントについては「Q11：外に向いて開いたオープン・ジョイントの防雨性能が高いわけは？」で詳しく解説しています。

次に、水切りの問題があります。部材表面を流れる雨水を下方にある部材に伝えたくない時に、二つの部材を連続させず、隙間をあけて水を切ることが雨仕舞の基本ですが、隙間が狭すぎると水は隙間をまたいで渡ってしまい、水が切れません。笠木やサッシの下枠の先端部と下方の外装材の隙間が狭く、ホコリを巻き込んだ雨水がそのまま伝わって、直下の壁面に筋状の汚

れが発生しているのはよく見かける光景です。水切りの必要寸法については「Q38：水が切れる幅や高さはどのくらい？」を参照してください。

写真1●水切り寸法の不足で生じた窓下の汚れ

外壁の通気層は、壁内の湿気の排出経路となるだけでなく、外装材から浸入した雨水を躯体に接触させない絶縁層としての役割を果たしています。通気層の厚みが狭すぎると、流下雨水が躯体側に伝わり、劣化を引き起こすリスクが高くなります。屋根の壁際などの納まりで、屋根材の下に差し込む捨て谷板も、屋根材との隙間が狭すぎるとホコリで目詰まりし、機能しなくなります。

このように見てくると、同じ水を止める目的を達成するために、防水がひたすら閉じる技術であるのに対して、雨仕舞は開く技術だと言っても過言ではないかもしれません。

雨仕舞とは

Q 05

濡れるべきか、
はじくべきか？

　「Q04：開くべきか、閉ざすべきか？」に続いて、もう一つの雨仕舞のジレンマを取り上げます。物質の表面には水で濡れやすいものと濡れにくいものがあります。前者を親水性、後者を撥水性と呼びます。この話は、雨仕舞上、部材表面は親水性と撥水性のどちらが望ましいかということです。建築外装仕上げの分野では、表面の親水化による汚れ防止効果が知られていますが、ここでは雨水の動きに限定して話を進めます。

最初に、表面の濡れの科学について、簡単に触れます。表面張力という言葉や現象はよく知られています。水やその他の液体の中の分子には、まわりの分子と互いに引き合う力が働き、液体の内部ではこの力がバランスしていますが、液体の表面では外側に相手の分子がないために、表面に沿って隣り合う分子との結び付きが強くなります。これが表面張力です。

　液体や気体が固体の表面に接する部分でも、境界の面に沿って同様の張力が働き、これを界面張力と呼びます。液体の表面張力は、液体と気体の間の界面張力と言うこともできます。固体表面上の液体の滴は、その縁に沿って働く界面張力と表面張力のバラ

ンスで決まる形で安定します。この時、液体の表面が固体の表面と接する部分で両者がなす角度を接触角と言います。

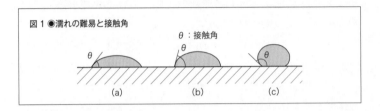

図1●濡れの難易と接触角

　接触角は液体や固体の化学的組成、表面の粗さなどによって変わります。図1は接触角の異なる固体表面の水滴の様子を示しています。(a)のように接触角が鋭角の時、水滴は膜状に広がろうとします。このような表面の性質を濡れやすい、あるいは親水性と呼びます。接触角が大きくなるにつれて濡れやすさは減り、(b)のように水滴の盛り上がりは高くなります。(c)のように接触角が鈍角になると、水滴は広がらず、逆に球状に丸まろうとします。このような性質を撥水性と呼びます。

　接触角が150°程度の超撥水性と呼ばれる表面（フッ素樹脂加工を粗面化したもの）に水を垂らしてみたことがあります。細かな滴に分散した水はほぼ完全な球状となり、わずかな力で転がり出して一時も静止できない状態でした。一般に高分子系の材料は水に濡れにくく、ガラスなど無機質系の材料は濡れやすいと言えますが、ホコリや油分など、表面の付着物によっても濡れ方は変化します。

　撥水性は水を寄せ付けない性質と言えるので、基本的には防水効果があります。身近なところで、衣類や靴などに用いる防水スプレーは、表面を撥水性にすることで、雨滴が付着しにくくし、防水効果を高めています。

☂　雨仕舞とは

建材の中で、撥水による防水効果を利用しているものに、外壁の下地に用いる透湿防水シートがあります。透湿防水シートには、水蒸気を透過させるための無数の微細な孔があいているのですが、部材表面の撥水性によって、水は孔の中に入り込まないしくみになっています（→ ex03：防水シートが防水しなくなる時？）。また、最近の研究ですが、コンクリートのひび割れの内面を部分的に撥水化すると、より高い風圧に対して漏水しなくなるという実験の報告もあります。これらは、撥水性が雨漏り防止に役立っている例です。

　撥水性が具合の悪い面もあります。プラスチック系の素材や、樹脂系の塗装が施された面など、撥水性の面に水を流すと、水は膜状に広がらずに、筋状に盛り上がって流れます。また、流れはストレートに真下に向かわず、刻々向きを変えて複雑に蛇行しながら流下します（**写真1**）。雨水の動きの制御手法である雨仕舞において、このような予測できない水の動きは最も対応が難しいものです。

写真1●撥水性表面の水の流れ。
水は筋状に盛り上がり、蛇行しながら流下する

知り合いの屋根工事屋さんによると、葺いたばかりの新しい金属板屋根では、雨が降ると強い撥水性で盛り上がって筋状に走る雨水が軒先から勢いよく飛び出し、軒どいに入らないというクレームがしばしばあるとのことです。これも撥水性が招く不具合の一つですが、しばらくたつと表面の撥水性が低下し、問題はなくなります。

　親水性は撥水性の反対の性質ですから、上に述べたことはすべて逆になります。親水性の表面では、水は浸み込みやすくなり、毛細管作用もより強く働きます。表面の水は膜状に広がってゆるやかに流れ、予測のつきやすいものになります。

　雨仕舞で親水性が有利に働くのは、導水手法です。これは導水性の大きい部材を使って、狙った経路に水を誘導し、不具合を防ぐ手法です。ここでの導水性とは、部材内部の隙間に水を捕捉し、その水を途中で流出させずに所定の位置まで流すことができる性質を指します。具体的な導水性部材としては、棒状材料の束や繊維の集合体、すなわち布などがあります。内部に水を捕捉し、中間で流出させずに部材内を移動させる能力は、部材内間隙の表面が水を引き付ける力が大きいほど高いため、導水性部材は親水性であることが望ましいことになります。導水手法については、「Q06：地下道の水漏れはどこへ消えた？」「Q13：雨仕舞に活きるキッチンの技とは？」で述べています。

　最後に、親水性と撥水性の差を雨水処理に活かす工夫があるので紹介しておきます。垂直な板の上に親水性の面と撥水性の面をストライプ状に交互に配置し、ストライプの向きが斜めになるようにして水をかけると、**写真2**に見られるように、水は撥水性の面の上縁に沿って停滞し、親水性の部分を傾斜に沿って流れるため、水の流下方向を制御することができます（→ ex04：鏡の

☔ **雨仕舞とは**

面を水が横に流れる？)。

　こうして見ると、雨仕舞では、表面の濡れ性状に応じた水の動きを見極めて、雨水処理に最も役立つように、親水性表面と撥水性表面を使い分けると良い、というのが結論と言えそうです。

写真2●フッ素樹脂系塗料をストライプ状に塗布したガラス面の水の流れ。
不透明の部分が塗膜で撥水性、ガラス面は親水性。
水は撥水性部分の上縁に沿って誘導されているのが分かる

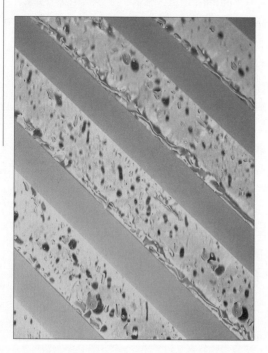

Q 06

地下道の水漏れは どこへ消えた?

地下鉄の駅の通路や地下道のイメージと言えば、昔は天井から水滴がしたたり落ちて、湿っぽく陰気なものでしたが、今ではどこの地下道も明るくカラッとして、水がポタ落ちするような風景は見かけなくなりました。

これを防水材料や施工法が進歩したせいだろうと考えるのは早合点です。注意して見ると、天井のところどころにステンレスの浅いトレーが横切っており、そこから同じくらいの厚さの帯が壁を伝わって床の側溝まで降りているのが見つかります(**写真1**)。

目立ちにくいようにデザインされているので見過ごしがちになりますが、これは防水が不完全なところから漏ってくる水を集めて処理するといです。漏水は止まっていないのですが、この水を拡散させずに特定の経路に誘導して集中的に処理することによって、漏水を表面化させずに解決しているわけです。このといは高い水圧がかかる地下部での防水の困難さを、発想の転換でスマートに解決した不具合解消技術と言えるでしょう。

このように、浸入した水を拡散させずに、特定の経路を通して処理することを「導水」と呼びます。導水は雨水の浸入を未然に止め

雨仕舞とは

写真1●地下道の雨漏り対策に活用される導水手法

(a) よく見ないと気付かない天井のステンレス製トレー。トレーから壁に沿って縦といが降りている

(b) 縦といの足元部。トレーで集めた水を側溝に流して処理している

ると言うよりは、入り込んできた水を処理する手法なので、どちらかというと対症療法というイメージがあるかもしれませんが、雨水の制御技術である雨仕舞では、むしろ本筋の手法とも言えます。

一般的に、導水の本質は次のような点にあります。
◉水を無理に止めずに、流れを変えることで不具合をなくす。
◉水が途中で迷走しないようにスムーズに流れる経路をつくる。
◉水を流す経路は表面に現れない。

　実は、土木建築の分野でこれに当てはまる雨水処理技術が数多くあります。スケールの大きいところでは河川の氾濫を防ぐための放水路、都市型洪水を防ぐための地下排水路、建造物では写真1で紹介した漏水処理用集水パネルと隠しどい、地下外壁のドレン付き二重壁などがそうです。住宅の外壁通気構法で通気層が果たしている役割もおおむね同じと言えますが、サッシまわりで流下水がせき止められ、排水経路としては破綻している部分もあります。

ところで、上に挙げた例でも出てくる「排水」と「導水」の区別についてですが、雨仕舞では、「排水」はどちらかと言えば水

の出口を用意することで、それに対して「導水」はそこまでの経路を用意することと考えればどうでしょうか。

　雨仕舞での雨水処理の原動力は重力です。完全な水平面でない限り、外装部材表面を濡らす水は下方へ、そして面が連続する限り面に沿って流れようとします。この流れを中断したり、流れの向きを変える手法として水切り（→ Q37：水切りは板金だけではない？）や、水返し（→ Q40：雨仕舞と洗濯板の関係とは？）があります。重力を原動力として水を処理する原理は導水も全く同じです。ただし、水切りや水返しでの水処理の行き先は、いわば成り行き任せなのに対して、導水は水を捕捉して流す経路を用意して、狙った経路に水を誘導しようとする点が違います。

　具体的な導水の方法をどうするかはさておき、ここでまず、屋根や外壁の雨仕舞に役立ちそうな導水経路の形としてどのようなものがあるかを考えてみましょう。図1はその代表的な例です。（a）では部材表面上の流れを面外に誘導します。そのまま表面に沿って流すと具合の悪い水を外に逃がしたり、材の端部から滴

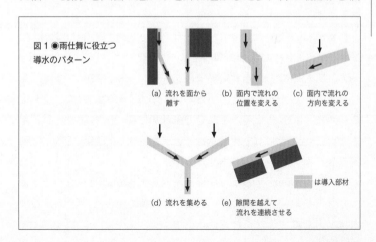

図1●雨仕舞に役立つ導水のパターン

(a) 流れを面から離す
(b) 面内で流れの位置を変える
(c) 面内で流れの方向を変える
(d) 流れを集める
(e) 隙間を越えて流れを連続させる

　は導入部材

下したりするのを防ぐことができます。

（b）は面内での流れの位置をずらすもので、浸水のリスクが大きい箇所から流れをそらすことができます。

（c）では面に沿う流れの方向を変えています。このような導水経路が役立つ場面は多そうです。

（d）のように経路を計画すれば、あちこちに散らばった雨水の流れを集め、任意の場所で処理できます。

（e）は不連続な表面間で流れを連続させる使い方で、隙間への浸水を防ぐことができます。

このように、不具合になるところを避けながら、望み通りの方向へ自在に水を導けるという導水の概念は、雨仕舞手法として魅力的なものですが、ひとたび使い方を間違えると極めて始末の悪いものになりかねないという側面もあります。特定の水処理の経路を用意することは、部材設計の誤りや施工ミスによって導水システムが破綻し、経路の途中で都合の悪い漏出や滴下が起きると、今度は常にその部分に水が集まってくることを意味します。

導水部材の流量や最小導水勾配などの水処理特性能力は、素材、断面、配置、支持方法の組合せによってデリケートに変化します。一方、導水処理すべき水量のほうも部位、部材の条件で様々に変わります。ちょっとした使い方の違いが水処理性に大きな差を生みそうです。うまく使いこなせば雨仕舞に極めて有効ですが、さもないとかえって水を呼び込むことになるという意味で導水は両刃の剣と言えるかもしれません。

では、具体的にどのような部材を使って導水ができるのでしょうか？　これについては、「Q13：雨仕舞に活きるキッチンの技とは？」を参照してください。

Q 07

雨漏りと雨水浸入、
どこがちがう？

雨の日に雨水が天井から滴下したり、壁のクロスに水染みができたりすれば、間違いなく雨が漏ったと分かります。しかし、室内からこうした異常が感知されない場合でも、屋根や外壁内部に浸入した雨水によって、木部の腐朽、金物の腐食、断熱材の含水による性能低下、カビの発生などが起きることは問題です。一方、外装材の隙間から内部に雨水が浸入しても、下葺き材や防水紙の裏に回らず、軒先や土台水切りから速やかに排出されて小屋裏や壁内が乾燥状態に保たれている限りは、耐久性上大きな問題になりません。

筆者が改訂作業に携わった、日本建築学会建築工事標準仕様書『JASS12　屋根工事』では、屋根工事の目標性能のうち、防水性能に関して、その内容を「通常の風雨条件に対して室内への雨漏りおよび屋根層内への有害な浸水を生じないこと」と定め、また、「有害な浸水」とは「下葺き層より下方にある下地材、仕上げ材、断熱材などを湿潤、汚染し、また、長時間滞留して各部の劣化環境を形成する浸水」と定義しています。

台風の時にサッシから雨水が吹き込んだりすれば、明らかに防

☂　雨仕舞とは

水性の欠如と見なされますが、サッシ自体は傷んだわけではありません。このように、雨漏りは部位の特段の劣化現象が伴わなくても不具合になりますが、雨水浸入は湿潤、汚染、長期滞留による劣化環境形成などの実害を伴う場合に不具合であり、それ以外のものは許容されるということになります。

　それでは、雨で濡れた外装材に吸収された雨水の影響についてはどうでしょうか。この場合、雨水は外装材の内部にとどまり、防水紙の裏に回っているわけではありません。しかし、その量が多く、かつ外皮の層構成や通気条件が不適切だと著しい不具合の原因を形成することがあります。

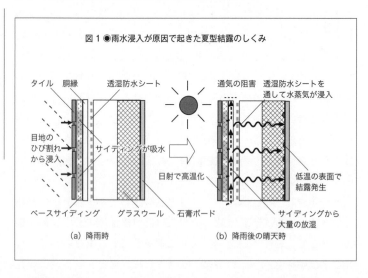

図1●雨水浸入が原因で起きた夏型結露のしくみ

　窯業系サイディング下地にセラミックタイルを乾式張りする外壁構法を採用した一連の住宅で、壁内結露が躯体の早期劣化を引き起こした事故の原因調査を依頼されたことがあります。調査の結果、この事故では、まず、**図1**（a）に示すように、経年によ

りタイル張りの目地部に発生した微細なひび割れから雨水が浸透し、下地の無塗装のベースサイディングに多量に吸収・保持され、次に、この雨水が図1（b）に示すように、降雨後の晴天時に日射熱で高温化したベースサイディングから放散して水蒸気が躯体内に浸入し、まだ低温状態の内装材裏面や木部表面で結露したことが分かりました。この現象が降雨のたびに繰り返し発生し、湿潤状態が長期間継続した結果、木部の劣化に至ったと考えられます。本来、この湿気は通気層を通して外気に放出されるべきものですが、通気が不十分であったため、透湿防水シートを透過して躯体側に流入したものです。

　事故を起こした住宅から切り取った外壁サンプルを試験体に用いた再現実験では、タイル面に一定量の水を10時間連続して流下させた後の下地サイディングの吸水量は、1㎡あたり4kgに達しました。この量は非常に多く感じられますが、「Q17：雨量1mmは水量でどのくらい？」で述べているように、降雨量1mmは1㎡あたりの水量で1L（＝1kg）に相当するので、壁面雨量4mm相当の量に過ぎず、通常の降雨で十分起こり得るものです。

　この事故例では、壁面が雨がかりしやすいデザインの住宅であったこと、壁内通気が不十分であったこと、下地サイディングが著しく吸水性が高い材質であったことが被害を大きくしていますが、水分供給源としての雨水の影響の大きさと、雨水浸入の影響が、雨が止んだ後にも及ぶ点で、貴重な教訓を与えてくれます。

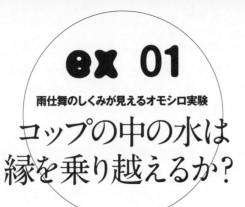

ex 01

雨仕舞のしくみが見えるオモシロ実験

コップの中の水は縁を乗り越えるか?

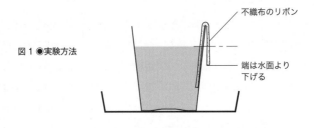

図1●実験方法

不織布のリボン

端は水面より下げる

◉準備するもの◉

★コップ、上のほうが開いた形のもの　★受け皿　★水
★フローリングワイパー用の不織布シート(ウェットタイプ)

◉実験の手順◉

① 受け皿にコップを置き、八分目まで水を入れる。

② 不織布シートを幅約1cm、長さ約15cmのリボン状に切る。

③ **図1**のように、リボンの一端が水中に、他端が外に垂れ下がるようにコップの縁に掛ける。その際、外側の端は必ず水面より下になるように調節する。

④ しばらくすると垂らしたリボンの先端に水滴が現れ、滴下が始まる。確認したら、滴下が止むまでそのまま放置する(かなり

時間がかかるかもしれません)。
⑤ 滴下が終わった時の水面の位置を確認する。

●解　説●

毛細管現象による水の吸出しを確認する実験です。コップの水は不織布シートの繊維同士の微細な隙間の毛細管作用によって、コップの縁を越えてリボンの先端まで浸透します。この時、リボンの中の水で満たされた隙間がサイフォンを形成するため、コップの水面とリボンの先端位置との水頭差によって水が流れます。水が吸い出され、コップの中の水面がリボンの先端位置まで下がると、水頭差がゼロになり、流出が止まるというわけです。

●雨仕舞との関連●

本文「Q09：毛細管現象で雨は漏るか？」で、ドイツ下見板張りの防水試験時に観察された、間柱際で起きる雨水の滲み出しについて述べています。これは図2に示すような現象で、裏面がフラットになる相じゃくり目地の下見板を間柱にじかに打ち付けた外壁では、長時間壁に雨が当たると、特に差圧が作用しない条件でも間柱際の横目地から雨水が滲み出し、流れ落ちます。

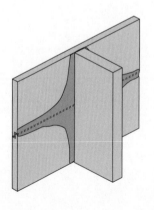

図2●ドイツ下見板張り
間柱沿いの雨水の滲み出し現象

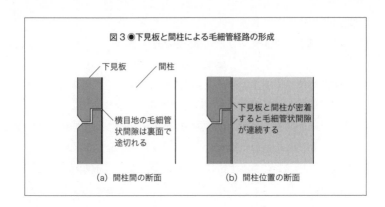

図3●下見板と間柱による毛細管経路の形成

(a) 間柱間の断面 — 横目地の毛細管状間隙は裏面で途切れる

(b) 間柱位置の断面 — 下見板と間柱が密着すると毛細管状間隙が連続する

　図3はそのしくみを説明しています。相じゃくり目地の狭い隙間は毛細管作用で水を吸い上げます。間柱の中間部の断面（a）では、隙間は裏面で終わっているのでこれ以上水は動きませんが、間柱に接する断面（b）では、隙間が目地の下方に連続するので、ちょうどコップの縁にかけたリボンのような毛細管経路が形成され、サイフォン作用によって連続的に滲み出しが起きます。本文Q09を併せて読んでください。

水の動きの原理

Q 08

ガラリの羽根、
雨が吹き込みにくいのは、
横向き、縦向きのどっち？

　「Q01：雨仕舞と防水、どこがちがう？」で、雨仕舞の本質は、隙間に雨水を近づけないことと、隙間を通して雨水を移動させる力を制御することの二つであると述べました。隙間の雨水を移動させる力の作用の最も単純な形態が、雨水自体の運動エネルギーによる浸入です。

風に乗って斜めに降ってきた雨滴や、地面で跳ね返った雨のしぶきは、比較的広い隙間の中に慣性でそのまま飛び込みます。慣性運動は、等速直進運動ですから、隙間の形を迷路構造にすることによって雨滴の透過を防ぐことができます。迷路といっても、パズルでお目にかかるような複雑なものではなく、たとえば縦目地の場合であれば、現場で組み合わせる必要上、図1に示すような簡単な構造にするのがせいぜいでしょう。

　図1に示した迷路形状では、仕切や屈曲部の重ね幅がゼロでない限り、つまり隙間が反対側を見透かせない形状であれば、慣性で飛び込む水滴の直接の透過を止めることができます。ただし、隙間の内面に衝突した水滴のしぶきが飛び散るのは避けられません。しぶきの大半は迷路の壁に付着しますが、長時間この状態が

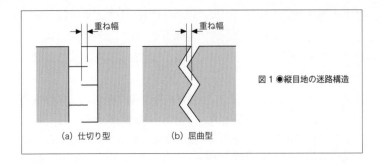

図1●縦目地の迷路構造
(a) 仕切り型
(b) 屈曲型

継続すれば大きな水滴に成長し、流下の過程でさらに奥に入り込むことがあり得ます。

これに対して、換気ガラリの羽根の隙間のように、空気が自由に通り抜ける場合には、迷路構造にするだけでは強風雨時に雨水を完全に止めることはできません。隙間内の気流の通過に伴う雨水の移動には、図2に示すように、(a) 気流に直接運ばれる、(b) 迷路の壁を伝って移動する、の二つの経路があります。

気流に直接運ばれる雨滴（衝突で飛び散るしぶきを含む）は微細なものが主体なので、漏出量としてはそれほど多くありません。これに対して迷路の壁を伝って移動する現象は、壁に付着した雨

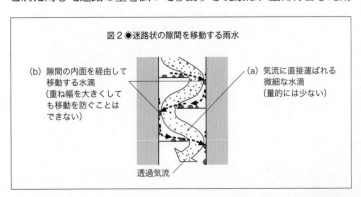

図2●迷路状の隙間を移動する雨水

(b) 隙間の内面を経由して移動する水滴
（重ね幅を大きくしても移動を防ぐことはできない）

(a) 気流に直接運ばれる微細な水滴
（量的には少ない）

透過気流

水の動きの原理

水が気流で吹き飛ばされて反対側の壁に移動し、これを繰り返すことで室内側に漏出するため、隙間内を一定の速度以上の気流が吹き抜ける条件では、どんなに複雑な形状にしても防ぐことはできません。

迷路の壁に付着した水滴が吹き飛ばされるようになる気流速度はどのくらいでしょうか。身近にある例として車のフロントガラスに付いた水滴の動きを思い描いてみましょう。車が動き出してすぐには水滴は動きません。車のスピードが増して、ある程度速くなると上方に這い上がり、空中に飛んでいきます。この時のスピードは体験的におよそ30〜40km/hrというところではないでしょうか。このスピードを秒速に直すと約8〜11mになります。水滴の大きさや面の濡れ性状、面と気流がなす角度によっても違うので一概には言えませんが、壁に付着した水滴が動き出す気流速度の下限値として8m/sあたりが一つの目安と言えそうです。隙間の迷路構造を複雑にすれば抵抗が増えて透過気流速度は落ちるので、防水性を向上させることは可能ですが、ガラリとしては同時に換気効率も低下してしまうのが悩みどころです。

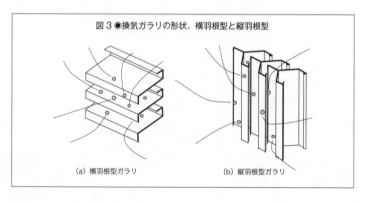

図3●換気ガラリの形状、横羽根型と縦羽根型

(a) 横羽根型ガラリ　　(b) 縦羽根型ガラリ

と ころで、換気ガラリでよく見かけるのは、羽根が水平方向のもの（横羽根型、図3(a)）ですが、ビルや工場用の大型のガラリでは羽根を垂直方向にしたもの（縦羽根型、図3(b)）が使われます。強風雨時に雨の吹込みが少ないのはどちらのほうでしょう？　また、その理由はなんでしょう？

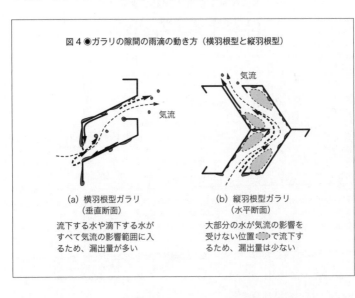

図4●ガラリの隙間の雨滴の動き方（横羽根型と縦羽根型）

(a) 横羽根型ガラリ
（垂直断面）
流下する水や滴下する水がすべて気流の影響範囲に入るため、漏出量が多い

(b) 縦羽根型ガラリ
（水平断面）
大部分の水が気流の影響を受けない位置で流下するため、漏出量は少ない

図4に示すように、横羽根型(a)では、羽根面上を流れ落ちたり、前端部から滴下する水滴がすべて透過気流の影響範囲に入るため、室内側に飛散する水量が多くなります。一方、縦羽根型(b)では、羽根面に付着した水滴の大部分が透過気流の影響を受けない部分（死水領域）で流下することができるため、横羽根型に比べて室内側への飛散水量を大幅に減らせることが実験でも確認されています。ただし、流下してきた水を、下端で適切に排出処理できる構造にしておくことが必要です。

水の動きの原理

Q 09

毛細管現象で雨は漏るか?

毛細管現象の実験とクイズの問題

図1

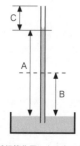

(a) 毛細管作用による水の吸い上げ

Bの位置で管を切って水面に立てると……

①上から溢れ出る?

②頂部まで上がって止まる?

③頂部からCの高さだけ下がった位置まで上がる?

毛細管現象は雨漏り診断でもよく登場する言葉です。浸水の原因が「隙間の毛細管作用で水を吸い上げたため」などと説明されることがあります。

毛細管現象の説明に必ず出てくる実験があります。図１（a）のように水面に細いガラス管を立てると管の中を水が上昇します。水を引き上げているのが、上昇した水柱の先端部に働く表面張力です。管の中の水には下向きに重力が作用するので、水は表面張力の総和と重力が釣り合う位置まで上昇して停止します。細い管ほど水位は高くなります。２枚のガラス板の間に狭い隙間を設けたものを用いても同様の現象が観察できます。

さて、ここで三択クイズです。図１（a）に示す、水面からAの高さまで毛細管現象で水が上昇する管を、一度空にしてからAよりも下のBの位置で折り、水面に立てた時、管の中の水は、①上から溢れる、②Bの高さで止まる、③BよりCの高さだけ下がった位置で止まる、のうちどれでしょう。

毛細管現象による水の移動は、ごく接近した親水性の面を濡らす水の先端の表面張力が引き起こすものですから、重力との釣り合いで定まる一定限度の高さまでは、面が連続する限りどこまでも続きます。しかし、管や隙間が途切れたり、途中で広がったりすると、その位置で表面張力は水の駆動力を失い、水の移動は止まります。正解は②です。

……と、ここまで書いてから少し心配になり、確認のため実験をしてみました。結果は写真１をご覧ください。

密着した部材間の毛細管現象による浸水は、密着度が高いほど深部に及びますが、隙間が広がると、水で容易に連続的に満たされなくなり、隙間の幅が数ミリ以上になれば、隙間の水の移動に対する影響は無視できる程度と考えられます。

水の動きの原理

写真1●ガラス管が吸い上げる水の高さ

(a) 毛細管作用による管内の上昇水位

(b) 上昇水位の途中で折り取った管

雨仕舞で毛細管現象に関して注意したい点の一つは、部材の取合い方によっては、思わぬ形で連続した毛細管状の間隙が形成されやすいことです。

以前、木製の下見板張り壁体の防水性を実験で調べたことがあります。下見板は間柱に直接施工しますが、図2の(a)押縁下見板のように鎧張りにして裏面が間柱に密着しない形式と、(b)ドイツ下見板のように、目地が相じゃくりで裏面が間柱に密着する形式があります。ドイツ下見板は、形状的には、現在住宅外装で主流の横張り式窯業系サイディングに近いものです。

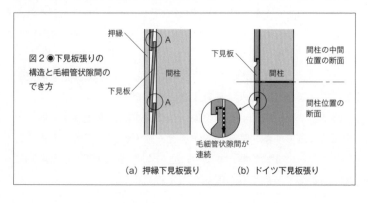

図2●下見板張りの構造と毛細管状隙間のでき方

(a) 押縁下見板張り　　(b) ドイツ下見板張り

この実験では圧力箱方式の水密試験装置を用い、下見板の外面に散水と差圧を加えて目地からの漏水状況を調べました。押縁下見板張り壁（重ね幅25mm）では、差圧が300Pa（30mm水柱相当）を超えるまでは裏面の濡れや重ね部からの漏水は見られませんでしたが、ドイツ下見板張り壁（箱目地幅10mm、重ね幅5mm）では、ほとんど差圧が作用していない条件においても、板裏面の横目地と間柱沿いに連続した濡れが生じました。図3、写真2は、その時の、濡れ状況の記録です。

　下見板の密着した重ねや相じゃくり目地の隙間は、毛細管作用で吸い上げた水で満たされます。押縁下見板張りでは、重ね上端

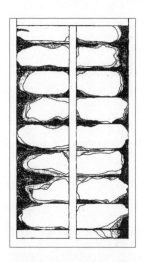

図3●ドイツ下見板張り試験体裏面の漏水範囲のスケッチ。縞模様は段階的に差圧を高めた際の濡れ範囲の広がりを示す（散水量＝1 L/㎡・分　差圧＝0～22 Pa）

写真2●ドイツ下見板張り試験体裏面。横目地と間柱沿いの水の滲み出し

♣ 水の動きの原理

部（**図 2**（a）の A 部）は間柱と縁が切れているため、差圧が作用しない限り、水はそれ以上は移動しません。それに対してドイツ下見板張りでは、相じゃくりの隙間の水は間柱の間の位置（**図 2**（b）の上半分）では目地上端で止まりますが、間柱に当たる位置（**図 2**（b）の下半分）では相じゃくりの隙間が間柱と下見板の隙間に連続するため、差圧が作用しなくてもサイフォン作用で連続的に水が漏れ出します。**図 3** の濡れパターンはこのようにしてできたものです。

　毛細管作用のサイフォン形成による水移動のしくみについては、「ex01：コップの中の水は縁を乗り越えるか？」のテーマに取り上げています。ぜひ試してみてください。

Q 10

雨が漏らない ひび割れ幅はどのくらい？

コンクリートやモルタルの宿命的な欠陥がひび割れです。RC造のビルやマンションで発生する漏水事故の大半が、コンクリート壁のひび割れからの浸水が原因です。住宅のモルタル塗り外壁でも、各種の原因でモルタル層に大なり小なりひび割れが発生するのは避けられず、窓まわりやその他の欠陥部からの浸水も含めれば、モルタルの裏に雨水が回るのは大前提と言っても過言ではありません。この水をいかに下地材や躯体に伝わらないようにするかが重大な問題です。

しかし、ひび割れはどんなものも許されないかというとそうではなく、ごく微細なひび割れは防水面に関して実用上問題ないことが経験的に分かっています。たとえばコンクリート工学協会のひび割れ調査・補修指針では、防水上補修を要するひび割れ幅を 0.2mm 以上としています。

ところで、ひびの入ったコップはわずかなひびでも中身が漏ってしまい、使い物になりません。この違いの理由はどこにあるのでしょう。

まず、コップのひびはまっすぐ入るのに対して、モルタルやコ

水の動きの原理

ンクリートのひび割れは、内面に複雑な凹凸があるため、水が通りにくいという違いがあります。モルタルやコンクリートの板に、幅が0.5mm以下程度の微細なひび割れを発生させ、水圧をかけて透水試験を行うと、ひび割れの透水量は、同じ幅のまっすぐな2平面間の隙間の流量に比べて、平均的にモルタルで約1/7、コンクリートで約1/9程度に少ないという結果が得られました。これはひび割れの凹凸による流路長の延長効果によると考えることができます。

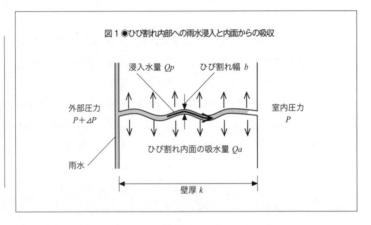

図1●ひび割れ内部への雨水浸入と内面からの吸収

次に、コップの素材は水を吸いませんが、気乾状態にあるモルタルやコンクリートは水を吸い込むため、ひび割れに入り込んだ雨水は、**図1**に示すようにひび割れの内面から吸収されます。単位時間内のひび割れへの浸入水量 Q_p を、単位時間あたりの吸収量 Q_a が上回る間は漏れ出すことはありません。漏水が発生するまでの吸収量はそれまでの総浸入水量で決まるので、その関係から漏水発生までの時間を理論的に計算することができます。材

料表面からの吸水の速さについては、「Q18：雨水が壁に浸み込む速さは雨が強いほど大きい？」で詳しく扱っています。

ひび割れのような狭い隙間の流れは層流で、流量はひび割れ幅の3乗に比例し、壁厚に反比例する関係があります。ひび割れ幅 b が狭くなるほど浸入水量 Q_p は急激に減るので、漏水発生までの時間は非常に長くなります。一定の差圧を仮定し、実験から求めたひび割れの流量特性値や、ひび割れ面からの吸水特性値を用いて、ひび割れ幅を変化させながら漏水発生時間を計算すると、壁厚80mm程度の壁では、ひび割れ幅が0.3mm以上ではほとんど0sec、つまり瞬間的に漏れるのに対し、0.3mmを下回るあたりから急激に数時間のオーダーまで長くなるという結果が得られます。

漏水発生時間が風雨の作用時間より長くなれば、実質的に雨は漏らないことになります。漏水発生時間に急激な変化が見られる境目のひび割れ幅0.3mmは、経験的に知られている漏水しないひび割れ幅の上限値とだいたい一致します。

壁が雨を吸い込むのは、どちらかと言えばマイナスイメージがありますが、ひび割れからの漏水に関しては、吸収することが漏水防止に有利に働いているのは面白いことですね。

水の動きの原理

Q 11

外に向いて開いた
オープン・ジョイントの
防雨性能が高いわけは？

「Q04：開くべきか、閉ざすべきか？」にも出てきたオープン・ジョイントは、目地の外側を、常識的には雨に対して閉ざすところをあえて開放するという、逆転の発想の目地形状です。風当たりが強い高層建築の外壁でも、信頼性の高い目地の防雨構法として応用されています。でも、目地の外側が開いているのに、なぜ雨が入りにくいのでしょうか。

オープン・ジョイントには大きく分けて2種類あります。一つは目地が中空形状になっていて、その外部側が開いているものです。

図1は外壁部材の中空目地の模式図で、外部側と室内側の開口幅寸法の組合せが異なる、三つの目地形状が示されています。このうち②のような形状がオープン・ジョイントに当たります。①や③のように目地の外側が狭い目地形状をクローズド・ジョイントと呼びます。

外部と室内側に圧力差がある時、中空部内部の圧力は内外の開口面積の比で決まり、室内側の開口面積に比べて外部側の開口面積が大きいほど、外部圧力に近付きます。つまり、外部側の開口

図1●三つの目地形状のうち、
一番雨水が風で押し込まれにくいのはどれ？

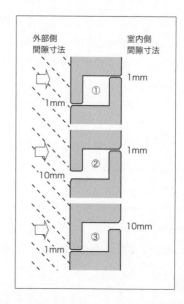

前後の圧力差（以下、差圧と言います）が小さくなります。図示した三つの目地の開口寸法について計算すると、外部と室内の圧力の差が100Pa（速度圧としての換算で風速約13m/sに相当）の時、①②③の各目地の差圧はそれぞれ50Pa、1Pa、99Paとなります。つまり、オープン・ジョイントの形状は、雨で直接濡れる外部側の開口の差圧を小さくするのに有効だということです。

クローズド・ジョイントはシーリング材などで完全に密封されていれば良いのですが、いったんシール切れなど欠陥が発生すると、その部分に張る水膜に大きな差圧が働くため、経年後の浸水のリスクが大きくなります。これに対して、オープン・ジョイントは外部側開口に大きな差圧が発生しないため、長期にわたって浸水のリスクを低く保てることになります。もちろん、オープンな開口からしぶきの飛込みや流下水の回り込みが起こるので、そ

💧 水の動きの原理

れに応じた目地形状の工夫が必要です。

②の形状の目地で、室内側の開口を完全に密封すると、差圧はゼロ、つまり外部と中空部内の圧力が等しくなりますが、このような目地は、「Q12：等圧設計はどこの圧力が等しい？」で出てくる、等圧目地の一形式であり、中空部は等圧空間となります。

　う一つのオープン・ジョイントの形式は、れんが壁、RC壁などの構造壁の前面に、外張り断熱層、中空層を挟んで取り付ける外装材の通気目地です。この形式の外装構法はオープン・レインスクリーン・クラッディング open rain screen cladding（開放型の防雨外装）と呼ばれ、主に、ヨーロッパ、カナダで広く普及しています。この外装構法では、外装材が防雨、構造壁が防風を受け持ちます。外装材のラインでは風を止めない

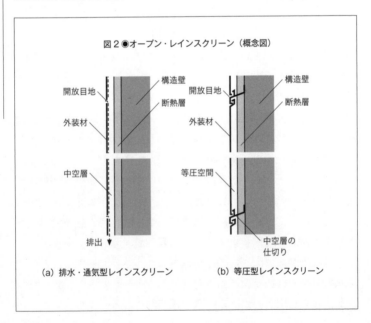

図2●オープン・レインスクリーン（概念図）

(a) 排水・通気型レインスクリーン　　(b) 等圧型レインスクリーン

ため、目地は空気の出入りが自由なオープン・ジョイントにします。このように、雨と風の遮断を別々に行うことを二段階シーリング原理 two-stage sealing principle と呼んでいます。この原理は、先に述べた中空目地型のオープン・ジョイントの防雨のしくみにも共通するものです。

　図2に示すように、オープン・レインスクリーンには、二つのタイプがあります。一つは、(a) 中空層内に雨水の浸入を許容し、その排出と乾燥が行われるように設計する排水・通気型 drained and back ventilated rain screen、もう一つは、(b) 中空層を面内で区画し、各区画を等圧空間として機能させる等圧型 pressure equalized rain screen です。排水・通気型は、我が国の外壁通気構法に近いものですが、中空層の機能は主に雨水処理であり、室内側から壁内に移動する湿気の排出は主要な機能として位置付けられていない点が異なります。

　二段階シーリング方式の最大の特長は、雨と風を1箇所で止める一段階シーリング方式では必ず必要な、シーリング材やガスケットなどの防水部材を使わずに防雨対策が可能なことです。このことがメンテナンスフリーで、躯体の寸法誤差や各部の挙動の影響を受けにくい外装構法の実現に結び付きます。

水の動きの原理

Q 12

等圧設計は
どこの圧力が等しい?

等圧原理、等圧設計という語が建築業界で使われ出したのは 1970 年代後半です。当時、シーリングの不具合による雨漏りの頻発に悩まされていた、高層ビルのカーテンウォールの防水設計の切り札として、等圧設計を採用した目地が使われ始めました。当初は、目地の外部を開放型にしたものが多かったので、しばしば、Q11 で扱ったオープン・ジョイントと同じものとして扱われました。

現在では、等圧設計の目地も多様化し、必ずしも目地の外部側を開放せず、外気導入口からの給気により、目地内部空間の等圧化を図る設計もあります。また、等圧設計は、サッシの下枠部の構造や、壁面のある区画全体の水密化にも応用されるので、等圧化によって水密性能の向上を図る一般的な設計手法となっています。

ところで、等圧は圧力が等しいことを意味しますが、これは、どことどこの圧力を指しているのでしょうか。

図 1 は等圧設計の概念図です。雨水の浸入を防ぎたい箇所の背後に、外部に連通した気密の空間（これを等圧空間という）を設けると、空間内の圧力 P_c は外部圧力 P_o と等しくなるため、差

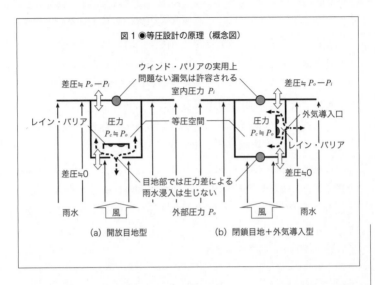

図1 ●等圧設計の原理（概念図）

圧で雨水が押し込まれることがなくなります。等圧空間の気密を高めるためにウィンド・バリア（風塞ぎ）を設け、外部との通気はオープン・ジョイントの場合のように、(a) 目地自体で行うか、あるいは (b) 別途通気経路を用意します。

Q11で解説した通り、等圧空間の内外の通気面積比を十分大きくすれば、差圧を実質的に浸水に影響しないレベルまで小さくできるので、ウィンド・バリアは完全に気密である必要はなく、多少の漏気は許容されます。等圧設計にしない場合は、壁面の開口に張る水膜に直接大きな差圧が作用するため、ほんのわずかな隙間が生じても浸水の危険があるのに対して、等圧設計では、施工不良や経年劣化による気密部分の隙間の発生に対する許容度が大きくなります。このことが、長期にわたる漏水防止の信頼性が求められる高層ビルのカーテンウォールなどで広く採用されている理由です。

水の動きの原理

ここで注意したいことは、等圧空間の内部の圧力が外気と等圧になるということは、等圧空間と室内側の間には、外気と室内の圧力差と同じ差圧が存在していることです。したがって、もし雨水が等圧空間に入り込み、ウィンド・バリアの位置に到達すると、この差圧によって雨漏りが起きるリスクがあります。

　外部に開いた開口からは、差圧がない条件でも雨水が入り込むので、これに対する備えが必要です。**図1**のレイン・バリアは、その必要性を抽象的に示したものです。レイン・バリアは、雨水の運動エネルギー、毛細管現象、濡れと回り込みなどによる浸入を防止するのに有効で、かつ排水を妨げない構造であることが必要です。

Q 13

雨仕舞に活きる
キッチンの技とは？

「Q06：地下道の水漏れはどこへ消えた？」でイメージを示しているような、面内の水を捕捉し、その水を途中で流出させずに所期の位置まで誘導するのを可能にする導水部材はどのようなものでしょう。

そのヒントになるものが、身近なところにあります。大きな容器に入った液体、たとえば調味料を少量だけ小皿など別の器に移す時、容器の縁に箸を添えて、それに伝わるようにすると、こぼしたり、飛び散らしたりすることなくうまくいきます。これは、箸の表面が液で濡れることで液を引き付け、かつ離さない力をうまく利用しているわけですね。化学実験で試薬をフラスコに入れる時にガラス棒を使うのも同じ理屈です。

1本の棒で導水が可能なら、棒を束にすれば表面積が増すので、水を捕捉する能力も高まります。棒状材料の間隙の導水作用については、以前、東京工業大学の小池迪夫教授らが行った実験が参考になります。この実験では径3mm、長さ1500mmのガラス棒を、隙間をあけて積層させた幅450mmの部材を傾斜させ、上部から時間雨量130mm相当の人工雨を与え、途中で滴下せずに下

♣ 水の動きの原理

端まで流下した量の割合を調べています。

図1にその実験結果の一例を引用しました。降雨量に対する流下水量の割合が100%に近いほど、途中で滴下せず導水効果が高いことを示します。グラフを見ると、棒間の導水能力は勾配が大きいほど高く、また、棒の隙間が大きすぎても小さすぎても低下し、特定の隙間幅で最大となっています。これは、隙間が大きいと保水力が低下し、小さいと流水断面積が減るためと説明されています。

棒が細くなったものが繊維ですから、繊維の集合体、すなわち布も導水材料になります。繊維材料は比表面積が大きいので保水性の点では優れていますが、流量を大きくする上では繊維同士の隙間がある程度大きく、導水の役割を終えた後の水切れが良いことも必要なので、低密度の不織布のようなものが向いています。この不織布を使った導水工法について、1980年に北九州市の室

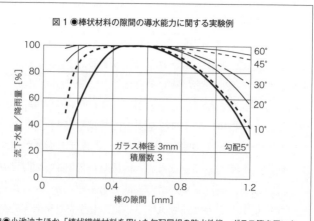

図1 ●棒状材料の隙間の導水能力に関する実験例

出典●小池迪夫ほか「棒状繊維材料を用いた勾配屋根の防水性能－ガラス管を用いた場合」『日本建築学会大会梗概集』1985、図5を参照して作図

井達之氏が特許を取得されています（特許期間が終了し、現在は自由に利用できます）。

　こでは不織布を使った導水工法のいくつかを紹介します。室井氏が標準的に使用しているのはビニロン繊維の低密度の不織布ですが、親水性の繊維であれば材質は問いません。ただし、不織布の構成や密度は、用途に応じて多様であり、どれでも良いというわけではありません（導水の特性は見本に水道の蛇口から水を流してみれば簡単に判別できます）。

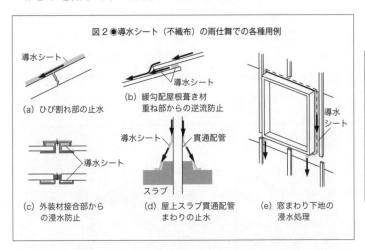

図2●導水シート（不織布）の雨仕舞での各種用例

（a）ひび割れ部の止水
（b）緩勾配屋根葺き材重ね部からの逆流防止
（c）外装材接合部からの浸水防止
（d）屋上スラブ貫通配管まわりの止水
（e）窓まわり下地の浸水処理

　図2は室井氏による不織布の基本的な用例を示したものです。（a）はひび割れや隙間がある面に不織布をかぶせ、表層の水を不織布の面内方向に誘導することで漏れを防ぐというものです。（b）は波板やその他の外装材の重ね部に不織布を挿入する用法です。緩勾配の屋根面では重ね部から雨水が逆流する恐れがありますが、不織布の存在によって逆流水が捕捉され、シーリング処理のように水みちを塞ぐことがありません。

❦　水の動きの原理

（c）は外装材の継ぎ目に応用するもので、外装材と目板あるいはジョイナーとの間にリボン状の不織布を挿入して隙間に入り込む水を捕捉し、不織布に沿って誘導処理して排出するものです。笠木のジョイントの下に不織布を敷き込むことも、同様の浸水処理効果があります。

（d）は完全な防水が困難とされている屋上スラブの配管貫通部で、管の周囲に不織布を巻き付け、管壁を伝って流下してくる雨水を貫通部から離れたところに誘導して漏れを防ぐものです。通常このような取合い部分で防水の完全を期するためには、管に傘状のツバを溶接して立上りにかぶせる方法がとられますが、不織布は巻き付けるだけなので極めて簡易に同じ効果を得ることができます。1カ所に何本もの管が貫通しているような場所では特に有効性が発揮されます。

写真1●不織布の導水効果を利用した地下外壁漏水補修の事例。黒い網状の部材が不織布。壁から浸出する水を不織布で捕集し、勾配を利用して排水位置まで誘導する。その上をモルタルで仕上げる。写真提供●室井達之氏

（e）は窓まわりのサッシと防水紙の取合いに不織布を取り付け、サッシと外装材の納まり部から浸入した雨水を窓下枠水切りまで誘導して排出するものです。窓まわりからの浸水は、最も防ぎにくいものの一つですが、ここでは不織布が、浸入した雨水を壁内に拡散させずに排出処理するのに役立っています。

また、雨漏り防止の手法ではありませんが、写真1のように地下外壁からの漏水を左官仕上げの中に張り込んだ不織布で捕集、誘導処理する手法もあります。

窒井氏によればこれらの用例はすべて実地に応用して有効性が確認されているということですが、不織布という不定形の素材を用いることから、水漏れ防止効果が施工者の技術や経験に左右されやすく、性能が安定しないという問題があります。しかし、水をせき止めることなく、流れる経路を変えてやりさえすれば雨漏りが防げるという点で、これらの手法は雨仕舞の可能性について多くの示唆を含んでいます。

❧　水の動きの原理

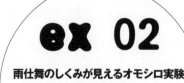

ex 02

雨仕舞のしくみが見えるオモシロ実験

水は壁面を真下に流れるか？

●準備するもの●

★表面が平滑なプラスチック系素材の板
幅50cm、高さ1m程度以上のプラ板、プラスチック系化粧板、塗装合板でも可。同様の材質のドアの表面を利用してもよい（ただし、屋外に向いた面は避ける）。

★液体洗剤（台所用、浴室用、洗濯用などどれでも）
★タオル、スポンジ　★水とスポイト

●実験の手順●

★実験Ⅰ（水を流すので、浴室など下が濡れてもよいところで実験してください）
① 板の表面を乾いたタオルで拭く。
② 垂直に立てた板（あるいはドアの表面）の上部、数カ所にスポイトで水をかける。
③ 下方の面での水の流れ方を観察する。

★実験Ⅱ
④ スポンジに洗剤を含ませ、板面全体に薄く塗り付ける。
⑤ 実験Ⅰの②と③の手順を繰り返す。

◉解　説◉

　本文「Q05：濡れるべきか、はじくべきか？」に出てくる、表面の濡れ性状による水の流れ方の違いを確認する実験です。実験Ⅰで、Q05の写真1のような流れが観察できたでしょうか。選んだ板の表面の材質や状態にもよりますが、撥水性の面上ではスポイトでかけた水は広がらずに筋状で流れ、向きを変えながら蛇行します。水が筋状に盛り上がるのは、水との接触角が大きい、プラスチック系素材に共通の性質のためです。では、蛇行するのはなぜでしょう。

　図1は固体表面に静止した水滴の状態を示します。水滴の表面（水と空気の界面）、水滴と固体の境界面、空気と固体の境界面には、それぞれ引張力（界面張力）が働いており、水滴は三つの界面が交わる縁に沿って働く界面張力の大きさが釣り合うような形を取って安定します。この時、水の表面張力の作用方向が固体面となす角度が接触角です。

　垂直面上を流れる筋状の水の縁にもそれぞれの界面張力が働いていますが、表面状態や水流の形状の変化によって、釣り合い状態が一定にならず、水は接触角の大きい方向に対しては停滞し、接触角が小さく、より濡らしやすい方向へ動こうとします。水が

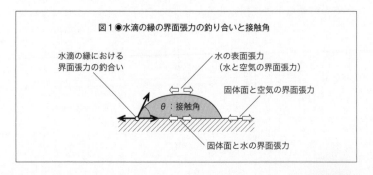

図1●水滴の縁の界面張力の釣り合いと接触角

❦　水の動きの原理

流れている不安定な状態では釣り合い状態は常に変化し、これが蛇行を引き起こすと考えられます。流れの水量が多くなると流速が増し、慣性で直進する傾向が強まるため、斜め下方に向かう水流はそのまま面外に飛び出すこともあります。

実験Ⅱでは、水は筋状にならず、薄い膜状に広がり、蛇行せずにまっすぐ下に流れる様子が見られたのではないでしょうか。膜状に広がるのは、洗剤の界面活性作用によって接触角が小さく濡れやすくなったためで、このように膜状に広がった流れは蛇行することはありません。

◉雨仕舞との関連◉

壁面に当たった雨滴はある程度集まると下に流れ出します。また、外装材の隙間から浸入した雨水は外装材の裏面や防水紙の表面、壁内の建具枠など、部材表面を流下します。この雨水の流下範囲について、真下に流れるはずと思いこみがちですが、実験で見られたような不規則な横方向への移動によって、思わぬところに水が回り、不具合の原因になりかねません。**図2**に示したように、垂直面に溝やフィン状の突起を設けても、表面が連続している限り、横方向の移動を拘束する効果はないので、筋状の流れは矢印のような経路をたどって乗り越えることができ、雨仕舞のための有効な手段にはならないと思ったほうがよいでしょう。

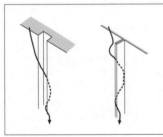

図2◉溝や突起を乗り越える水の流れ

雨の降り方
あめのふりかた

Q 14

1時間雨量100mmと降雨強度100mm/hrは同じ？

　雨量はある期間に降った雨の総量を示し、観測した時間と共に示します。年間雨量、1時間雨量といった具合です。これに対して降雨強度という値があります。降雨強度は特定の時点の雨の強さ、つまり単位時間あたりの雨量を指す値です。降雨強度は、一般に mm/hr、1時間あたり何 mm という単位で表しますが、その意味は1時間雨量と全く違うことに注意してください。

表1●雨の強さと車の速さの関係

雨の強さの表現	車の速さの表現
時間雨量 (mm)	1時間の走行距離 (km)
降雨強度 (mm/hr)	瞬間速度 (km/hr)

　両者の違いは、表1に示すように、車の平均速度と瞬間速度に置き換えると分かりやすいと思います。高速道路で一時的に100kmのスピードを出しても、1時間の走行距離（平均時速）が100kmに達することはまずありませんね。車の速度は道路や

周囲の状況で常に変わるからです。雨の強さも常に変化しているので、ピーク時の降雨強度の大きさが、そのまま時間雨量値になることはありません。

図1は、降雨強度計の記録の一例です。降雨強度計は、通常の雨量計とは異なる原理で、1分間ごとの雨量の変化を測ることができます。降雨強度は激しく変化し、ピーク時には50mm/hrを超えています。ところが、毎分の降雨強度を1分間雨量に直し、これを累積した値は、1時間では19mmになります。このように時間雨量とその間の降雨強度の値は大きく違います。図1のグラフの場合、ピーク時の降雨強度の数値は、時間雨量の2.6倍です。

河川の氾濫や土砂崩れなどの災害対策では、降り始めてからある程度長い時間の合計雨量が重要です。これは雨水がいったん地物や土中に貯えられ、時間をかけて流出するためです。雨仕舞に関して問題になるのは、雨量と降雨強度のどちらでしょう。

屋根面や壁面に当たった雨は、ほとんど止まることなく、ただちに流出します。一例として、水平方向の流れ長さ10mの屋根

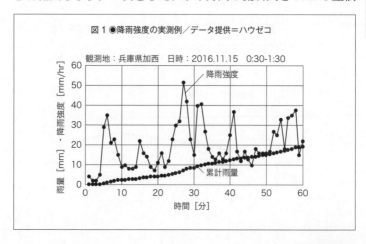

図1●降雨強度の実測例／データ提供＝ハウゼコ

雨の降り方

面に降った雨が、軒先に達する時間を考えてみましょう。

図2は、勾配1寸5分の平坦な屋根面を流れる水の流速を計算した一例です。降雨強度毎分2mmの場合、屋根面全体での平均流速は、この程度の緩勾配でも秒速23cmです。そこで、到達時間は10÷0.23＝43.5秒となり、屋根の全面に降った雨が1分間以内にすべて軒どいに流れ込むことになります。

したがって、強雨時にといが雨水で溢れないことを確認する流量計算では、累積値である雨量を時間あたりに均した平均降雨強度ではなく、ピーク時の降雨強度を採用する必要があるということになります。このことは、といの設計に限らず、外装面各部の雨仕舞で、流れてくる雨水の量を想定する場合にも当てはまります。

図1のような実測例から、ピーク時の降雨強度は平均降雨強度の2〜3倍と考える必要があると思われます。具体的な数字で例を示すと、過去の観測記録から、1時間に想定される雨量の最大値が100mmの地域では、ピーク時の1分間雨量は、平均降雨強度100/60＝1.67mmの2〜3倍、すなわち3〜5mm程度を想定する必要があるということです。

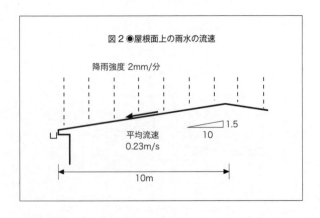

図2●屋根面上の雨水の流速

Q 15

イギリス人は
なぜ傘を差さない？

イギリス紳士のトレードマークと言えば、山高帽にこうもり傘ですが、この傘は雨が降ってもめったに使われることはないと聞いたことがあります。その訳は、あまり手先が器用でない彼らは、せっかくきれいに巻かれた傘を開くと、自分で巻き直すことができないからだそうです。

この話の真偽のほどはともかくとして、イギリス人が雨の日でもあまり傘を差さないというのは定説です。筆者が若い時に留学のため、イギリスの地方都市、シェフィールド Sheffield に1年近く滞在した時も、まちなかで雨の中を傘なしで歩く人をよく見かけました。雨の中を濡れながら犬の散歩をさせているのも、公園で普通に見る光景でした。全く無防備というわけではなく、大体の人はウィンドブレーカーのようなものを着用して雨をしのいでいたようです。

傘を持っていて差さないのではなく、傘を持ち歩く習慣がない、と言ったほうが当たっているかもしれません。そう言えば、折り畳み傘も当時はあまり見かけませんでした。日本では、急に雨が降り出しても一斉に傘の花が開き、濡れて歩いている人を見かけ

☂ 雨の降り方

るのは珍しいのですが、イギリス人だったらこの光景は奇異に感じるのかもしれません。

　どうしてこのような習慣の違いが生まれるのでしょうか？　イギリス人があまり傘を持ち歩かない理由は諸説あるようですが、イギリスの雨は、降り出したら一日中降る、という感じではなく、一日のうちでもめまぐるしく天気が変わり、雨が降っても弱く、短時間で止むので、いちいち傘を持ち歩く気にならない、といったところが当たっているようです。留学していた当時の記憶でも、大雨はめったに降らない代わりに、夏の数カ月を除いては天気の変わり目が速く、暖かく晴れていたかと思うと急に冷え込んできて雨が降ることも珍しくなかったのを覚えています。「イングランドでは一日の内に四季がある」というのが、天気の話題になるとイギリス人がよく飛ばすジョークの一つです。冬になると、午後早くから暗くなり、来る日も来る日もみぞれ混じりの雨が降ったのが印象的でした。

　一方、日本ではいったん降り出すとまず半日は続くので、傘は

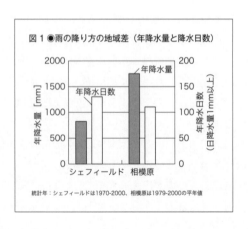

図1●雨の降り方の地域差（年降水量と降水日数）

統計年：シェフィールドは1970-2000、相模原は1979-2000の平年値

手放せない、というわけですね。

そこで、筆者が実際に住んで、雨の降り方を体験した日英の二つの都市、相模原市とシェフィールド市の降水量記録を調べてみました。

図1は両市の年降水量と年降水日数を比べたグラフです。降水量は相模原のほうが2倍以上多いのですが、降水日数は逆にシェフィールドのほうが20日ほど多いことが分かります。両市の毎月の1降雨日あたりの平均降水量を計算してグラフ図2にしてみました。シェフィールドの値は1年間を通じて6mm前後でほぼ一定ですが、相模原の値は全体に高めで、最も高くなる9月には21mmと、シェフィールドの3倍になっています。つまりシェフィールドでは一雨あたりの量は少ないが、降る頻度は多く、相模原では量が多い割に間があくということです。

このような降り方の違いは、雨の成因にあります。地球上の気候帯区分で、イギリスは中緯度低圧帯に位置します。この地帯では前線や低気圧の活動が活発で、層状の雲からの降水が広範囲に

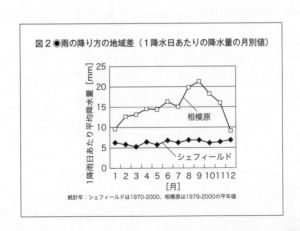

図2●雨の降り方の地域差（1降水日あたりの降水量の月別値）

統計年：シェフィールドは1970-2000、相模原は1979-2000の平年値

雨の降り方

及ぶのが特徴です。一方の日本は、ほとんどが亜熱帯高圧帯に位置します。この地帯は本来雨が少なく、世界の砂漠もこの地帯に数多くあります。大陸の端に沿って位置し、海に囲まれた日本の降水は、気圧配置や海流の影響による特異性があり、発達した対流による集中的な降水が起きるのが特徴です。

　雨の強さ、継続時間、頻度は、屋根や外壁の表面や内部における雨水の動き、浸透、あるいは降雨後の乾燥などに密接にかかわり、雨仕舞を考える際の基本条件です。ある建築様式や構法が発揮する防雨の有効性は、降雨の特性が違えば変わるのが当然です。

　世界各地のバラエティーに富んだ建築様式や意匠はそれぞれに魅力的で、「〇〇風」とか「××調」などといった具合に建築デザインのモチーフにしばしば採用されますが、降雨の地域性を無視したデザインの採用が、雨漏りや早期劣化の多発につながった例は数多く報告されています。その様式や意匠を生んだ風土とのつながりを無視して、ただ形だけをコピーすることは考えものということです。

Q 16

過去の大雨の記録は？

　最近、気象情報で「記録的短時間集中豪雨」とか、「経験したことのない強い雨」などの表現をよく聞くようになりました。これまでの気象予報用語では、雨の強さの表現として、1時間に30〜50mmを「激しい雨」、50〜80mmを「非常に激しい雨」、80mm以上を「猛烈な雨」と呼んできましたが、最近は1時間に120mmを超える雨が降ることも珍しくなくなったため、このような表現をするようになったようです。ちなみに、テレビなどの報道では、これらの雨量について「○時から○○時までの1時間に降った量」、と伝えているところから、この数値は降雨強度ではなく、雨量であることが分かります。

　日本では、過去にどのくらいの大雨が記録されているのでしょう。表1は、これまでに代表的な都市で過去に観測された、1日、1時間、10分間の降水量の最大値を示したものです。降水量は、雪、みぞれ、ひょうなども含まれますが、発生日を調べるとほとんどが夏季なので、雨量と考えてよいと思います。観測期間は地点によって異なりますが、1日雨量は一部を除き130年、1時間、10分間雨量は少なくとも80年の間に得られたもの

☂ 雨の降り方

表1 ●各地の観測史上最大雨量 （mm） 出典●気象庁HP

観測地	雨量の最大記録 （mm）		
	1日	1時間	10分間
札 幌	207	50.2	19.4
仙 台	312.7	94.3	30
新 潟	265	97	24
東 京	371.9	88.7	35
名古屋	428	97	30
大 阪	250.7	77.5	27.5
高 知	628.5	129.5	28.5
松 江	263.8	77.9	25.6
福 岡	307.8	96.5	23.5
鹿児島	324	104.5	33

です。表1の値のうち、2000年以降の観測値は六つで、多くの値はそれ以前のものです。

　このような記録は、今後発生し得る大雨の雨量を予測する上で参考になるものですが、何年に一度の確率で発生が予測される雨量を知りたいというような場合には、最大記録だけでなく、過去に記録された複数の上位の雨量記録から、確率雨量を算出する手法があり、洪水の予測などに使われます。

　表1に示した各地の観測時間別の雨量を見比べると、観測時間が短いほど、平均の降雨強度は大きくなっていることが分かります。これは雨の強さが常に変化しているため、観測時間を長くとるほど、雨の弱い時間帯が多く含まれることから当然と言えます。

　水文気象学の知見によると、降雨期間Dと、それに対応する

最大降水量 R の間には、一般に

$$R = aD^m \cdots\cdots (1)$$

の関係があり、mは0.5に近い値をとるとされています。試みとして、表1の中からいくつかの地点を選び、降雨時間とその間の最大雨量の関係を両対数グラフ上に図示したものが図1です。両対数グラフで直線になるのは(1)式のような関数で、直線の傾きがmを示します。グラフを見ると、各地点の値について(1)式の関係が当てはまり、mはおおよそ0.5であることが読み取れます。

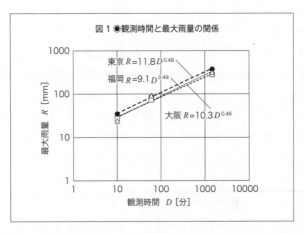

図1●観測時間と最大雨量の関係

東京 $R = 11.8 D^{0.48}$
福岡 $R = 9.1 D^{0.49}$
大阪 $R = 10.3 D^{0.46}$

「Q14：1時間雨量100mmと降雨強度100mm/hrは同じ？」で、雨仕舞で問題になる現象については、1分間程度の短時間の降雨強度が重要だと述べました。仮に図1の直線回帰が1分間まで当てはまるとすると、過去の最大雨量記録から想定される1分間最大雨量はおおよそ10mmとなります。工学的には、洪水計画で用いられているような確率雨量や、各種の降雨強度式を用いるのが適切で、必ずしも最大雨量をベースに考える必要はありませんが、今後ますます大雨の頻度が高まるとされている現在、頭に

いでに、雨量の世界記録はどうなっているでしょうか。図2には、各観測時間における雨量の世界記録と日本記録が示されています。この図も、雨量と時間の軸は対数軸で示されており、5分間から1年間に及ぶ広い範囲の観測時間と最大雨量との間に(1)式の関係が成り立っていることが分かります。図から読み取ったmの値はおおよそ0.46でした。

興味深いことは、世界記録は1日以上の時間帯ではすべて熱帯地域で記録されているのに対し、1時間から1日の時間帯では亜熱帯地域で記録され、1時間以下の時間帯では中緯度つまり温帯地域で記録されていることです。強い雨は発達した積乱雲によってもたらされますが、これらの地域における積乱雲の発達の強さ、集団形成、発生の頻繁さなどは、地球規模の大気の流れや、水蒸気の供給条件によってそれぞれ特徴があり、それがこのような差になって表れていると説明されています。

気候帯としては亜熱帯から温帯に位置する日本では、1時間から1日にかけての強い雨、いわゆる集中豪雨が降りやすく、この時間帯では日本記録は世界記録に匹敵しています。

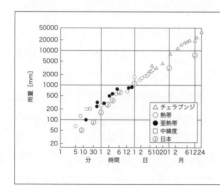

図2●雨量の世界記録
出典●二宮洸三「地球の降水」
(『天気』61巻、2号)
2014

Q 17

雨量1mmは水量でどのくらい?

雨量の単位はmmですが、これは降った雨が流れ出さずに、そのまま溜まった深さです。屋根面や壁面に当たる雨水の総量は体積なので、深さの単位の雨量を面積に掛けることによって求められます。この時、面積の単位は平方メートル（㎡）で雨量とは違うため、単位をそろえる必要があります。

図1を見てください。1㎡はセンチメートル（cm）の単位では10000c㎡です。これに雨量1mmを0.1cmとして掛け算すると、答えは1000c㎡です。1000c㎡は1L（リットル）ですから、

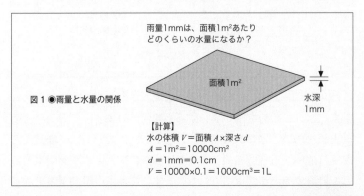

図1●雨量と水量の関係

雨量1mmは、面積1m²あたりどのくらいの水量になるか？

面積1m²

水深1mm

【計算】
水の体積 $V = $ 面積 $A \times$ 深さ d
$A = 1m^2 = 10000cm^2$
$d = 1mm = 0.1cm$
$V = 10000 \times 0.1 = 1000cm^3 = 1L$

☂ 雨の降り方

1mmの降雨量は面積あたり水量で1L/㎡に相当します。1と1の関係なので覚えやすいと思います。散水試験を実施する時の散水量と雨量の関係が問題になることがありますが、1㎡あたりの散水量（L）が分かれば、そのまま雨量（mm）の値になります。

屋根や壁が受ける雨水の量を求める場合は、雨量に屋根や壁の面積を掛け算します。1分間に、ある面積の屋根や壁が受ける雨水の総量の計算式は下の（1）式です。

$$Q = R \times A \cdots\cdots (1)$$

Q：雨水の総量（L/分）

R：雨量（mm/分）

A：雨を受ける面積（㎡）

雨量は屋根や床の場合は水平面雨量、壁の場合は壁面雨量を用います。例題として、図2のように、面積10㎡のバルコニーの床面に降る雨が、1カ所のドレンに集まる場合、ピーク時の水平面雨量を毎分3mmと仮定すると、ドレンが処理する水量は、3×10=30L/分となります。

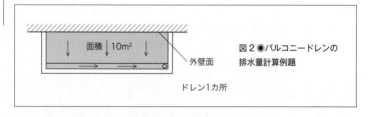

図2●バルコニードレンの排水量計算例題

バルコニー上方の外壁面が受ける雨水がバルコニーに流入する場合には、この分を割り増しする必要があります。この場合は壁面雨量を用いるのが本来ですが、屋上防水においては、慣習的に屋上に連続する外壁面積の1/2を床面積に加えて水平面雨量を掛けて計算する方法が採用されています。これは、壁面雨量を水平

面雨量の 1/2 と見なしているわけです。

詳しい説明は省きますが、戸建て低層住宅の場合、壁面雨量が水平面雨量の 1/2 になるのは、降雨時の風速が 7m/s 程度の場合です。「Q20：大雨と強風が同時に起きる確率は？」で紹介している風雨の同時出現確率のデータによれば、時間雨量が 30mm 以上の大雨の時に、風速が 7m/s を超えるのは、市街地では 10 年間に数回あるかどうかなので、この計算法は、ほとんどの場合、壁面が受ける雨量を考慮した排水量算定に安全に用いることができると思われます。図2の例題で、バルコニー直上の外壁面の雨がかり面積を 10㎡と仮定すると、ドレンが処理する水量は、$3 \times (10+5) = 45$ L/ 分となります。

また、屋根面や壁面の途中の位置の流下雨量は、見付け幅 1m あたりで表し、下の (2) 式で計算します。

$$Q_f = R \times F \cdots\cdots (2)$$

Q_f：流下雨水量（L/m・分）

R：雨量（mm/ 分）

F：流下長さ（m）

例題として、図3のように、流れ長さ 10m の屋根の最大軒先流量は、ピーク時の水平面雨量を毎分 3mm と仮定すると、$3 \times 10 = 30$ L/m・分となります。

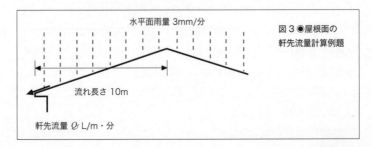

図3●屋根面の軒先流量計算例題

雨の降り方

表1 ●外装材、下地材の24時間吸水量概算例

部材	24hr 吸水量 (L/㎡)
陶器瓦F形	2.6
住宅屋根用化粧スレート	1.8
野地合板厚 12mm	0.5～0.6
既調合軽量モルタル厚 16mm	1.9
窯業系サイディング厚 16mm	0.9～6.2

　　れでは、外装材に吸われる水量と雨量の間にはどのよう
そ　な関係があるでしょうか。

　表1は、実験データやカタログ値に基づいて、屋根や外壁に
用いられる仕上げ材や下地材が、常に水に接している状態で24
時間に1㎡あたりどのくらい吸水するかを試算した例です。おお
むね数リットル（L）というところです。

　図1で説明したように、雨量1mmは平方メートル（㎡）あた
り1Lに相当します。1日の雨量が10mmに達することはそれほ
ど珍しくありませんが、もしこのような日に、これらの部材がむ
き出しで雨ざらしになっていれば、雨の量は吸水量を補って余り
あるものになります。もちろん、外装材には表面に塗装などが施
され、また、下地の場合は防水紙などで保護されるため、吸水量
がただちに表1のような値に達するわけではありません。しかし、
外装材では経年による塗膜の劣化、ひび割れ発生などに伴う吸水、
あるいは重ね部や目地から生じた浸水に伴う、裏面や切断小口面
からの吸水のリスクが、下地材では工事中の雨がかりによる吸水
のリスクが考えられます。

　「Q07：雨漏りと雨水浸入、どこがちがう？」で述べているよ

うに、外装材や下地材の吸水自体は雨漏りではありませんが、その量が多く、かつ外皮の層構成や通気条件が不適切だと著しい不具合の原因を形成することがあります。雨が外装材の湿潤をもたらす水分の供給源として十分大きいことを認識して、適切な吸水の抑制策を講じることが重要です。

雨の降り方

Q 18

雨水が壁に浸み込む速さは雨が強いほど大きい?

材料の内部に水が浸み込む現象には、透水と吸水があります。両方とも連続した小さな孔が無数にあいている材料（多孔性材料）で問題になります。透水は、水が圧力を受けて孔の中に押し込まれる現象です。これに対して、吸水は孔の内面に接する水の表面張力が水を引き込む作用、いわゆる毛細管作用が引き起こすものです。透水は通常の外装材料であれば、相当大きな水頭圧や風圧力が作用しない限り、実質的に問題になりませんが、吸水は圧力が作用しなくても進むので、材料の表面が水で濡れれば必ず起きる現象です。

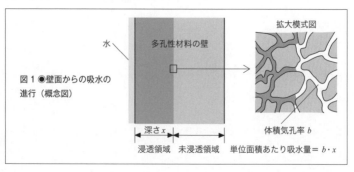

図1●壁面からの吸水の進行（概念図）

図1は多孔性材料の壁の1面から内部に吸水が進行している状況の模式図です。水を引き込む力は、浸透領域と未浸透領域の境界位置で働く表面張力で、その強さはどの位置でも一定ですが、浸透深さ x が増すほど、細孔内を水が移動する距離が長くなり、抵抗が増すので、吸水が進むほど浸透速度は遅くなります。

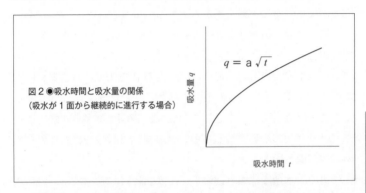

図2●吸水時間と吸水量の関係
（吸水が1面から継続的に進行する場合）

　材料の1面から継続的に吸水させ、時々吸水量を測ってみると、吸水時間 t と単位吸水面積あたりの吸水量 q の関係は、おおむね図2のようになります。両者の関係式 $q=a\sqrt{t}$ における a は、材料固有の値で、これを吸水速度係数と呼びます。

　単位吸水面積あたり吸水量 q は、浸透深さ x と材料の体積気孔率 b（材料の見かけ体積の中に孔の合計の体積がどのくらいの比を占めているか）を掛けたものです。図2の曲線関係は、図1のモデルにおいて、微小時間 dt 内に増える浸透深さを dx とする時の浸透速度 dx/dt が、浸透深さ x に逆比例すると仮定して導かれる理論式の傾向と一致します。

　図2の吸水曲線は、常に材料が吸収しただけ水が補給される条件で得られるものです。降雨のように時間あたり決まった量の水が供給される場合はどうなるのでしょうか。

☂ 雨の降り方

吸水量を体積で表すと、それを吸水面積で除した単位吸水面積あたりの値の単位は長さなので、雨量（深さ）と同じ単位になります。「Q17：雨量1mmは水量でどのくらい？」で説明した通り、雨量1mmは面積あたりの水量で1 L/㎡に相当するので、単位面積あたり吸水量をL /㎡単位で表すと、mm単位での雨量と直接比較できることになります。

材料にいくら吸水する能力があっても、供給される水の量以上を吸収できないことは当然ですね。そこで、ある特定の時点の吸水量は、雨の強さと、その時点の浸透深さで決定される材料の吸水能力（図2の吸水曲線の接線勾配で表されます）の、どちらか小さいほうで決まることになります。降雨強度が吸水能力より小さければその全量が吸収され、逆の場合は吸収しきれない余分の雨水が流れ出す、ということです。

材料の吸水速度は案外遅いものです。図3はコンクリート板（川砂利・川砂コンクリート、w/c比：65%、厚さ18cm）を1面から吸水させる実験で得られた、吸水量ー時間曲線の一例です。

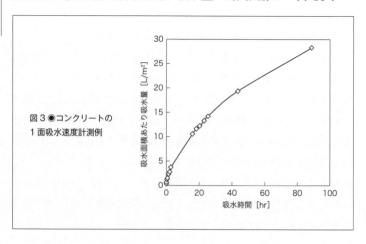

図3●コンクリートの1面吸水速度計測例

グラフから読み取ると、このコンクリートの吸水開始から24時間の吸水量は、およそ14 L/㎡で、次の24時間ではおよそ7 L/㎡です。単純に平均すると1時間あたり、それぞれ約0.6 L/㎡、0.3 L/㎡となりますが、これは雨量にするとそれぞれ0.6 mm、0.3 mmということになります。ですから、このコンクリートの表面に、日本では弱い雨とされる、1時間あたり3mm程度の雨が当たっても、その大半は吸われずに流れ去ることになります。

　「Q26：土の陸屋根が使われているのはどんな地域？」で紹介している、並べた木の上に土を置いただけの、水を含んだら簡単に崩れ落ちてしまいそうな陸屋根は、年間降水量がかなり多い地域にも分布しています。その理由も多分同様に説明できそうです。つまり、雨量の大半が短時間に集中して降る雨でもたらされるなら、その大部分は屋根の土の層に浸み込まない余剰の雨水なので、これを屋根面にとどめずに速やかに排出してやれば、浸透量は最小限にとどまり、この浸透した水も次の雨が降るまでの好天時に乾燥してくれるというわけです。実際に、このような地域の土置き屋根には、壁から長く突き出した、象の鼻のような排出口が設けられています。激しい雨の中で屋根面から雨水が一気に流出する様が想像されます。

　吸水は多孔性材料では避けられない現象ですが、建物の防雨の観点からはどう位置付けられるのでしょう。

　イギリスの古い建築構造の参考書では、外壁の防雨原理の一つとして「敷地の風雨条件に応じ、浸水速度がゆるやかな多孔性材料を用いて十分な厚さの壁体をつくり、雨が止んで乾燥できるようになるまで室内側に水を到達させないこと」を挙げ、この防雨原理をスポンジ原理 sponge principle と呼んでいます。そして、イギリスの一般的な気象条件の下で、壁面が庇や

☂　雨の降り方

蛇腹などで雨水から有効に保護された2階建てくらいまでの建物なら、この原理は十分役立ってきたと述べています。

　スポンジ原理は、壁体が湿潤しても室内への実害がなく、そのうちに乾燥してくれればかまわないという考え方です。しかし、この考え方はイギリスの建築で一般的に用いられるれんが造や石造の壁のように、凍害やエフロといった問題を除けば、含有水分が強度や耐久性に大きな影響を与えない構造で成り立つものです。一方、木材のような材料は、湿潤が長引くと生物劣化の危険が増すので、極力雨に当たらないようにしたいのですが、全くだめかというと、そうでもないことは、古くから使われてきた外壁の下見板張りなどの例から分かります。木材の湿潤・乾燥条件と劣化の関係を明確にすることは、木質構造の耐久計画上重要な課題です。

　材料に吸収された水分が直接その材料の劣化要因にならなくても、部位全体としての不具合の原因になることもあります。一つの事例として、無機質の壁下地面材に多量に吸収された雨水が、雨が止んだ後に日射熱で水蒸気化して著しい壁内結露を引き起こしたことがあります。詳しくは「Q07：雨漏りと雨水浸入、どこがちがう？」を参照してください。また、断熱材は、湿潤すると断熱性能が低下するので、吸水はあってはならないことになります。

Q 19

雨と風の強さ、雨漏りが増えるのはどっち？

雨漏りの発生に関して、雨単独より、風との組合せが厳しい条件になるのは理解できますが、雨漏り発生件数により密接に関係するのは、雨量、風速のどちらでしょうか？ この疑問に答えてくれる興味深い調査事例があるので紹介します。

調査の対象は、木造在来工法による戸建て住宅専業のある建設会社が、1976年7月から1983年末にかけて関東地区の8都県に建設した3600棟の住宅です。この期間内に、その時点における累積建設戸数の1%を超える数（15～92棟）の住宅で雨漏り事故が発生した日が合計9日ありました。この9日間に事故を発生した住宅の戸数は延べ355棟で、同一住宅で複数発生しているケースがあるため、事故件数は全部で424件ありました。

この調査では、雨漏り事故が発生した住宅敷地の最寄りのアメダスの観測記録から、毎時の降水量と風速・風向を、事故発生日から住宅の竣工日までさかのぼって調べ、分析を行っています。これらの雨量や風速の特定の統計値、たとえばそれぞれの日合計値や最大値、あるいは雨量と風速の積の日合計値や最大値などが、事故の発生以前に比べて、事故の当日に必ず最大を示していたと

☂ 雨の降り方

すれば、その統計値が雨漏り発生の決定的な気象要因と言えるのですが、この条件を100%満たす統計値はありませんでした。その中で、条件を満たす率が最も高かったのは、[事故発生日の風向]±90°の風向範囲に絞り込んだ、毎時間雨量と毎時風速の積の日最大値でした。

「Q21：雨の傾きと風速の関係は？」で解説しているように、雨量と風速の積は、壁面に当たる雨量と相関があります。この調査結果は、雨漏りの発生に最も強く関係しているのは、雨と風、どちらか一方の強さではなく、壁面雨量が多くなる条件であることを示しています。

また、この調査では、各地の漏水事故発生日の日降水量と降雨時最大風速を、件数の大小を含めてプロットした図1を示しています。この図によれば、発生件数が多い日は、降水量が非常に

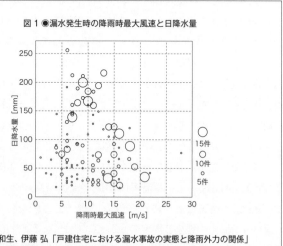

図1 ● 漏水発生時の降雨時最大風速と日降水量

出典 ● 西田和生、伊藤 弘「戸建住宅における漏水事故の実態と降雨外力の関係」
『日本建築学会関東支部研究報告集 構造系』pp.301-304、1985

多くて風速は比較的弱い条件、風速が非常に強くて降水量は比較的少ない条件、降水量と風速が共に中くらいの条件を結ぶ直線付近に分布しています。このことからも降水量と風速の積が大きい条件の日に事故が多発していることが分かります。

　実際に発生した雨漏りの原因箇所や内容は様々だったということですが、この分析で事故の発生件数と壁面雨量の相関が明確であることから、壁面の雨がかりが木造住宅の雨漏り事故発生の必要条件となっていることは確かと言えそうです。

雨の降り方

Q 20

大雨と強風が
同時に起きる確率は?

外壁や開口部まわりで起きる雨漏りは、台風など雨と風が同時に作用する時に多く発生します。そこで外装材の防水性を評価する試験では、試験体に対して雨と風の組み合わさった状態を再現して水漏れの有無を調べます。風雨条件の与え方はいろいろありますが、採用される風雨の強さの組合せは極めて厳しいものです。

たとえば「JIS A 1517-1996　建具の水密試験方法」では、壁面への降雨を再現する水噴霧量を、毎分 4L/㎡ と規定していますが、これは降雨強度 240mm/hr に相当します。このような降雨強度は、ピーク時の値としても、時間雨量 50mm を超えるような雨でなければあり得ないものです。一方、風圧の作用については、住宅用サッシの中間的な水密等級 W-2 では、試験体前後の脈動中心圧力差 150Pa で漏水の有無を確認することとしていますが、これは平均風速 16m/s の速度圧に相当します。

このような大雨と強い風が同時に起きる確率はどのくらいあるのでしょうか。

図 1 は、横浜地方気象台の最近 10 年間の毎時観測記録から、

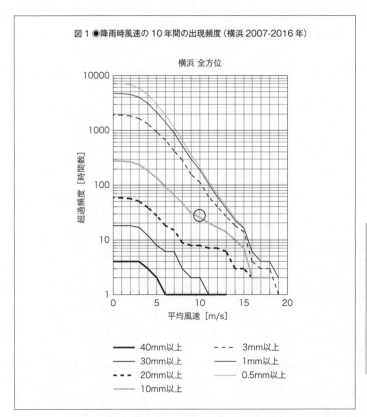

図1 ●降雨時風速の10年間の出現頻度（横浜2007-2016年）

0.5mm以上の雨が降った時間に限定して平均風速値を抜き出し、時間雨量段階ごとに風速の出現頻度を調べたものです。図中の○印は、時間雨量が10mm以上の時間中、平均風速が10m/sを超えた回数が、10年間で25回あったことを示しています。

図1を見ると、時間降水量が大きくなるにつれて、同一レベルの風速の出現頻度が減っていきます。たとえば、時間雨量が30mm以上の時に風速が10m/sを超えたのは10年間で2回だけ、

☂ 雨の降り方

図2●降雨時風速の10年間の出現頻度（壁面方位別、横浜2007-2016年）

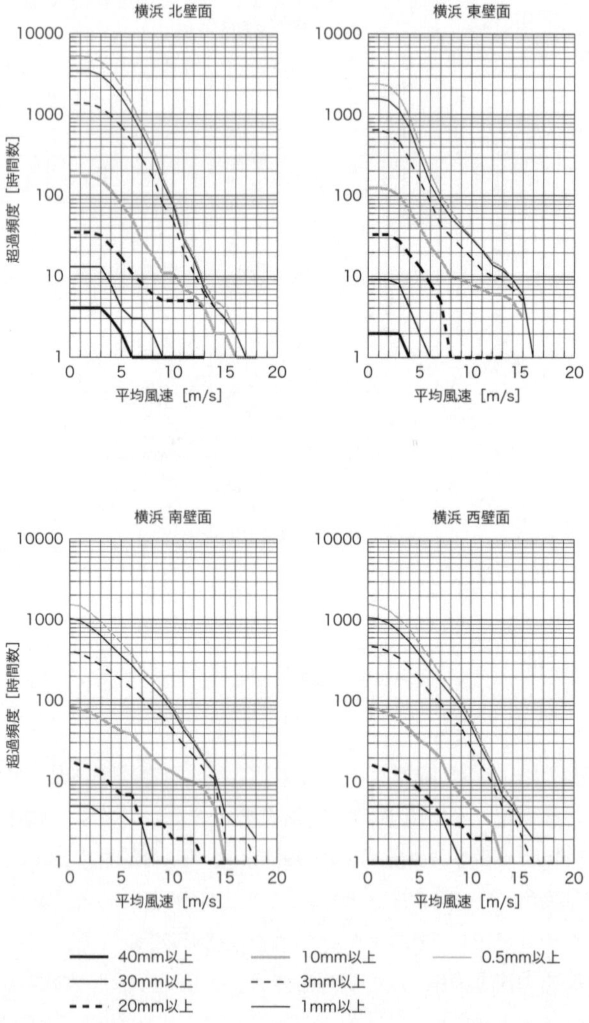

横浜 北壁面

横浜 東壁面

横浜 南壁面

横浜 西壁面

（各グラフ共通）
縦軸：超過頻度 ［時間数］
横軸：平均風速 ［m/s］

凡例：
―― 40mm以上
―― 30mm以上
- - - 20mm以上
―― 10mm以上
- - - 3mm以上
―― 1mm以上
―― 0.5mm以上

13m/sを超えたことは1回もありません。したがって、サッシの水密等級 W-2 で想定されている風雨条件は、横浜では10年間に1回も起きないということになります。

このような傾向はほかの地点についても共通する一般的な傾向なので、強い雨と強い風が同時に出現する頻度は全降雨の中ではかなり低いと考えられます。

部位や部材の耐風雨性を検討する際に、とかく雨と風の負荷を別々にとらえがちです。実際にあり得ないような厳しい風雨の組合せ条件で試験を行うのは、製品の防水性能を十分な安全率をもって実証する目的では意味がありますが、雨仕舞の納まりやそこに用いる部品が、風雨の作用に対して有用かどうかを判断するためには適切ではなく、**図1**のような資料をもとに実際に起こり得る雨量と風速の組合せ条件で性能を検証することが重要です。そうしないと、通常の風雨条件で十分防水機能を発揮できる納まりや部品の有用性を否定してしまう可能性があります。

図1では風向を問わず集計していますが、壁面では方位ごとに雨をもたらす風向の範囲が異なります。

図2は、同じ横浜地方気象台の観測記録から風向範囲を壁面方位に対して±67.5°以内に限定して、壁面方位ごとに降雨時風速の出現頻度を調べた結果です。

方位を限定しているため、全体の出現頻度は**図1**より低くなっています。また、壁面方位によって、風雨の作用がかなり違うことが分かります。雨を受ける頻度が最も高いのは北面で、南と西面が最も低くなっています。一方、風については、時間雨量 3mm 以上で 10m/s を超える風速の出現頻度を見ると、最も高いのは北面と南面で、10年間で40回を超えており、東面は17回で最も低くなっています。壁面からの雨漏り事故の原因分析にお

↑　雨の降り方

図3●降雨時風速の1年間の出現頻度（横浜とアメリカ3都市の比較）

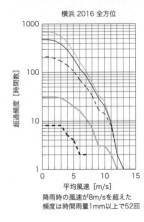

横浜 2016 全方位

降雨時の風速が8m/sを超えた頻度は時間雨量1mm以上で52回

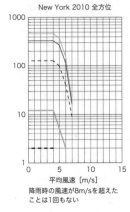

New York 2010 全方位

降雨時の風速が8m/sを超えたことは1回もない

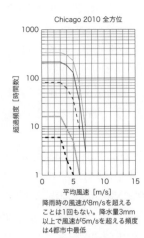

Chicago 2010 全方位

降雨時の風速が8m/sを超えることは1回もない。降水量3mm以上で風速が5m/sを超える頻度は4都市中最低

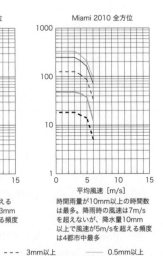

Miami 2010 全方位

時間雨量が10mm以上の時間数は最多。降雨時の風速は7m/sを超えないが、降水量10mm以上で風速が5m/sを超える頻度は4都市中最多

- ---- 20mm以上
- ---- 10mm以上
- ---- 3mm以上
- ---- 1mm以上
- ---- 0.5mm以上

いて、あるいは外壁の劣化環境として風雨の作用条件を検討する際には、このような方位差を考慮する必要があります。また、方位差の傾向は、地域によって異なるので注意が必要です。

最近、アメリカのいくつかの都市について図1と同様の資料を作成し、日米の風雨条件の比較をする機会がありました。図3がそれです。1年間のデータですが、アメリカの3都市に共通して言えるのは、雨が降っている時間の風速が比較的弱いことです。どの都市でも8m/sを超えることは1回もありませんが、横浜では1年間に52回あります。「Q15：イギリス人はなぜ傘を差さない？」では、日本では降雨日数は少ないが、降る時はまとまって降るのが特徴と述べました。特に強風雨地帯と考えられていない横浜のような都市でも強い吹き降りの回数が多いのは、日本の降雨の特徴と言えます。

雨の降り方

ex 03

雨仕舞のしくみが見えるオモシロ実験

防水シートが
防水しなくなる時?

★この実験で対象とする防水シートは、防水機能を持つシートすべてではなく、透湿機能を兼ね備えるために、素材の撥水性によって防水性を確保している種類のシート、いわゆる透湿防水シートだけです。

◉準備するもの◉

★約20cm角の外壁用透湿防水シートのサンプル

★小さめのコップ　★割り箸　★水　★液体洗剤（少量）

◉実験の手順◉

★実験Ⅰ

① 防水シートを四つ折りにする。この際、シートを傷めないよう折り目をきつくつけない。

② 一番外側の角を広げてロート状にし、**図1**のようにコップの口に差し込む。

③ ロート状の部分に数センチの深さまで水を入れ、下の尖った部分から水が漏らないことを確認する。

④ 洗剤を割り箸の先に付け、シートに溜まった水の中に1滴落とし、そのまま水が漏れ出すかどうか観察する（漏れ出すかどうか、漏れ出すまでの時間はシートによって差があります。1時間

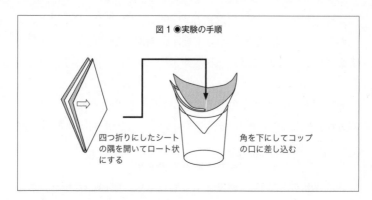

図1●実験の手順

四つ折りにしたシートの隅を開いてロート状にする

角を下にしてコップの口に差し込む

以上経過しても漏れない時は別のシートで試してください）。

★実験Ⅱ

⑤ 水漏れが生じた場合、中の水をこぼしてシートを広げ、乾燥させる。

⑥ 乾燥したシートを用いて①〜③の手順を繰り返す。

◉解　説◉

　実験Ⅰの手順③では漏らなかった水が、手順④で漏れ出す現象が確認できたでしょうか？

　乾式外壁の下地に使用される透湿防水シートの多くはプラスチック系の素材でつくられ、単層タイプでは不織布の繊維間に微細な隙間があり、複層タイプでは表層のフィルムに多数の微細な孔があいた構造になっています。水蒸気はこれらの隙間や孔を通り抜けることができるので、シートは湿気の透過を妨げませんが、水滴や水膜は素材の撥水性によってこれらの隙間や孔に入り込むことができないため、防水性を発揮します。

　透湿防水シートのJIS規格に定められた、防水性の評価値である耐水度（一定以上の漏水現象が発生する最小の水圧）の初期の規格値は10KPaです。これは水柱にすると1000mmなので、実

☂　雨の降り方

験手順③でシートの中に溜めた数センチの深さの水の圧力では、もちろん水が漏ることはありません。撥水性がもたらす防水効果の高さは、この段階でシートに押しピンの先で孔をあけてから試してみても水漏れが起きないことからも確認できます。ところが、手順④で水中に落とした洗剤は界面活性作用があるため、シートの表面と水の接触角が小さくなり、撥水性が失われて水漏りが始まったというわけです。

●雨仕舞との関連●

　界面活性作用を持つ物質は多くあります。建物に使われ、透湿防水シートと接触する可能性が高いものとして、防腐防蟻処理を施した木材中の薬剤成分があります。水溶性の防腐防蟻薬剤の多くは、木材内部への浸透性を高めるために、界面活性成分を含んでいます。これらで処理された木材を十分乾燥しないまま、直接透湿防水シートの上に施工したり、乾燥後に施工した場合でも、その後の雨がかりによって湿潤する場合には、薬剤中の界面活性成分がシートに移行し、実験で起きたのと同様のしくみによって防水性の低下が起きます。いったん界面活性成分が移行すると、シートが乾燥しても低下した防水性は元に戻りません。これは実験Ⅱで確認できたのではないでしょうか。透湿防水シートを使用する工事の関連団体では、ホームページ上でこの現象に対する注意を呼び掛けており、一部で対策を施したシート製品の開発も進んでいるようです。

　これまで、透湿防水シートの防水原理は、シートにあいた微細な孔のサイズが水蒸気を通すことはできるが、雨滴より小さいため、と説明されることが多かったのですが、この説明は誤解を与えるものであり、実際には撥水性によってもたらされていることを理解しておくことが大切です。

Q 21

雨の傾きと風速の関係は？

こで突然、クイズです。空中を落ちてくる雨粒の形は、図1の(a)(b)(c)のうち、どれに近いでしょうか？ そんなことが雨仕舞となんの関係があるのかとお考えかもしれませんね。実は雨滴が空中をどのように落ちてくるかは、これから述べる風の中の雨の傾きにかかわりがあるのです。

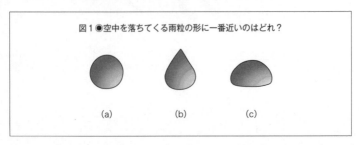

図1●空中を落ちてくる雨粒の形に一番近いのはどれ？

水滴は表面張力の作用で、自然に球形になりますが、空中を落下する際には空気の抵抗を受けて下のほうが扁平なまんじゅう形になります。つまり、正解は(c)です。天気予報の雨のイラストなどでおなじみなのは(b)の形ですが、まんじゅう形とはちょっと意外ですね。水滴はある程度の高さを落ちると、この空気

抵抗のために一定の速度（落下終速度）に達します。また、重力と空気抵抗のバランスから、落下終速度は大粒の雨滴ほど大きくなります。ごく小さい雨滴を除くと、落下終速度は4〜9m/sくらいです。詳しくは気象学の解説書（武田喬男著『雨の科学』成山堂書店など）を参考にしてください。

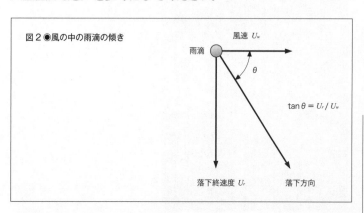

図2●風の中の雨滴の傾き

風の中を落ちてくる雨滴は、図2のように風速と落下終速度の合成方向に落下しますが、雨粒の大きさは一様ではなく、様々な大きさの粒が混ざっています。そこで、風の中では雨滴はまちまちの傾きで降り注ぐことになります。歌川広重の名作、浮世絵「大はしあたけの夕立」（写真1）には、このような雨の傾きの様子が鮮やかに描かれています。

雨の傾きと風速の関係を知ることは、軒下壁面の濡れや、壁面に当たる雨量を評価する上で重要ですが、降雨に含まれる異なる寸法の雨滴ごとに計算するのは手間がかかるので、雨量の大半を構成する雨滴寸法を想定して、すべての雨滴が一様な傾斜角で降ると仮定するのが簡単です。この考え方は、水文気象学で山の斜面に降る雨の量（斜面雨量）の推定に採用されています。斜面雨

♣ 雨がかり

写真1●浮世絵に描かれた雨の傾き
(歌川広重「大はしあたけの夕立」)

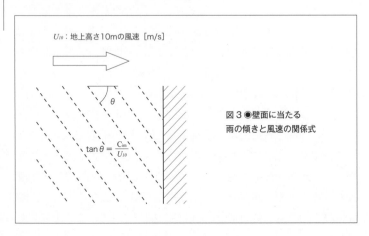

U_{10}：地上高さ10mの風速 [m/s]

$\tan \theta = \dfrac{C_{im}}{U_{10}}$

図3●壁面に当たる
雨の傾きと風速の関係式

量は、風向と雨の傾きによっては水平面で測った雨量の数倍に達することもあり、洪水の予測に重要なデータです。斜面雨量は水平面雨量と斜面の傾斜角、雨の傾斜角、斜面に対する風向から幾何学的に計算しますが、**図2**における雨滴の落下終速度を6m/sで代表させ、雨の傾斜角を定めることが多いようです。

雨がぶつかる相手が、大きな山の斜面のような場合は、風速と落下終速度の合成方向に斜めに降下する雨滴がそのまま直進してぶつかると考えてもよいのですが、建物の壁面の場合は周辺の地物や建物自体の影響を受けるため、単純ではありません。そこで、**図3**に示すように、地上高さ10mの風速を基準として、壁面に当たる雨の傾斜角 θ の tan 値が風速に逆比例するものとし、比例常数 C_{im} の値を実験的に定める方法が、実用的と考えられます。

比例常数 C_{im} の実験値については、「Q24：軒の出寸法で雨がかりはどれくらい変わる？」で述べています。

雨がかり

Q 22

壁に当たる雨の向きは風向きと同じ？

建物に向かって進んできた風は、建物近くに来るとその周辺を迂回して流れます。風に運ばれてきた雨滴もそちらに向きを変えますが、慣性力のために曲がりきれず、壁に衝突します。その結果、図1に示すように壁面の中央では雨がかりが少なく、頂部や両端部で雨がかりが多くなります。この傾向は壁面が大きくなるほど顕著になります。

建物の壁面に雨がどのような角度で当たっているかを実測した例を紹介します。図2は開口の位置を前後にずらした複数の受水口を設け、雨滴が飛び込む方向別の雨量が求められるように工

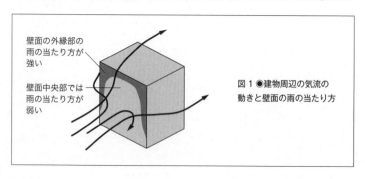

図1●建物周辺の気流の動きと壁面の雨の当たり方

壁面の外縁部の雨の当たり方が強い

壁面中央部では雨の当たり方が弱い

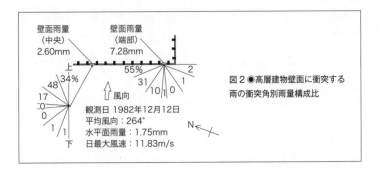

図2●高層建物壁面に衝突する雨の衝突角別雨量構成比

夫した特殊な壁面雨量計による日受水量の分析例です。

　実測を行った建物は、イギリス北部、シェフィールド市内の、地上高さ77m、長辺36m、短辺20mの塔状高層建築物です。雨量計を設置した位置は短辺側の西壁面、頂部から約9m下方で、図2の観測を行った時点では、水平衝突角用は壁面の南端から1.4m、鉛直衝突角用は中央部の窓に取り付けてあります。この日の水平面雨量（別の建物屋上、地上25mでの観測値）は1.75mm、平均風向は264°で、壁面に対してほとんど直角でした。

　壁面南端に取り付けた雨量計は、日雨量7.3mmを記録しましたが、その衝突角範囲別の内訳を見ると、ほとんどの雨滴が壁面の中央寄りから斜めに衝突しています。この結果は、図1に示すような気流の影響による建物前面の雨滴の動きを裏付けるものと言えます。壁面中央に取り付けた雨量計による日雨量は2.6mmと、南端の約1/3で、その衝突角範囲別の内訳を見ると、ほとんどの雨滴が上方から衝突しています。よく、高層ビルの上では雨が下から降ると聞きますが、この位置では雨滴の吹上げの傾向は明らかではありません。

　ここで紹介した壁面での雨量観測は、筆者がイギリスに留学した時に実施したものです。イギリスでは、強い風で横なぐりに降

雨がかり

る雨をドライビング・レイン driving rain と呼びます（最近の研究論文では wind driven rain と呼ぶことが多いようです）。ドライビング・レインの強さの地域性を示す指標としてドライビング・レイン・インデックス driving rain index があります。これは年降水量と年平均風速の平年値を掛け算した値（単位は㎡/s）で、イギリスで最初に提唱されました。試みに、この値を日本のいくつかの地点で計算してみると、長野で2強、横浜で6弱、鹿児島で8弱となりますが、大ブリテン島やアイルランドの西岸では10を超える地域が珍しくありません。北大西洋で発達する低気圧がもたらす強い西風がその理由です。

「Q15：イギリス人はなぜ傘を差さない？」で、傘を差さない理由がイギリスと日本の雨の降り方の違いではないかと書きましたが、風の強さも関係しているかもしれません。

天気の話題好きのイギリス人にとって、ドライビング・レインはなじみの深い言葉のようです。留学中に見知らぬ人から、お前は大学で何を研究しているのかと質問されることがよくありました。大学の建物でドライビング・レインを測っていると答えると、決まったように、"You are in the right place!"（それなら君はドンピシャの場所に来たわけだ！）という答えが返ってきて、慣れない異国で不自由な思いをしながら研究に取り組んでいた留学生にとって、大いに励ましになった思い出があります。

Q 23

高層ビルの壁に吹き付ける雨はどこに行く？

ドライビング・レインの本場、イギリスや、同じ気候帯のオランダ、ベルギー、北欧などの建築研究機関では、壁に吹き付ける雨量への関心が高く、1960年代から、実在建物の壁面に雨量計を取り付けて、測った雨量とその時の水平面雨量、風速、風向の関係を調べる研究が数多く行われています。

図1は、かなり古い研究ですが、スウェーデンの国立建築研究所が、実在建物の壁面に多数の雨量計を取り付けて壁面雨量の分布を調べた貴重なデータです。図の中の数値は、地上に設置した壁面と同じ向きの鉛直の受水口を持つ雨量計の観測値に対する比率（%）です。位置により非常に大きな差があることが分かります。広い壁面では中央下方の雨がかりがほとんどないのに対して、頂部の両端で最も多くなっています。また、幅が狭いほうの壁面の雨がかりが全般に多くなっています。

その後、海外で建物周辺気流の中の雨滴の運動をコンピューターで解析し、壁面雨量を理論的に推定する研究が進み、最近では数値計算流体工学を応用し、風雨の条件に応じて各種建物モデルの壁面に当たる雨量を精度良く推定できるようになっています。

🍂 **雨がかり**

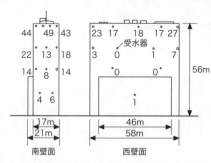

図1●高層建物壁面における1カ月の壁雨量分布実測例

数値は壁面と同じ向きの鉛直面雨量計の受水量に対する比率 [%]
測定場所：イエテボリ（スウェーデン）
期間：1971年10月19日から11月18日

　図2と図3はこのような研究成果の例です。図2は10m角のキューブ形建物モデルの壁面が、正面から水平面雨量1mm/hrの雨と、風速10m/s（地上高さ10m）の風を受ける場合の壁面雨量分布を示しています。図中の数値は、水平面雨量に対する壁面雨量の比で、壁面の上縁と側端部で壁面雨量が大きくなる傾向が分かります。

　図3は、高さ60m、幅50m、奥行き10mのスラブ形高層ビルモデルの壁面の計算例を示しています。図2と図3の風雨条件は同じですが、興味深いことに、高層ビルの壁が受ける壁面雨量のほうが低層建物より最大値も小さく、上部10mだけを比較しても全体に少なくなっています。また、下方30mの範囲にはほとんど雨が当たっていません。また、図3を図1と見比べると、数値の意味は異なりますが、壁面雨量の分布は似かよっており、数値計算手法が実態をよく表していると言えそうです。

　このように、高層ビルの壁面が受ける雨の量は意外に少ないものです。これは、巨大な壁面に向かって進む気流は、ずっと風上

図2●壁面雨量分布の数値計算結果（低層建物モデル）
出典● Blocken,B.,Carmeliet,J.,The influence of the wind-blocking effect by a building on its wind-driven rain exposure.,Journal of Wind Engineering and Industrial Aerodynamics 94(2),2006.

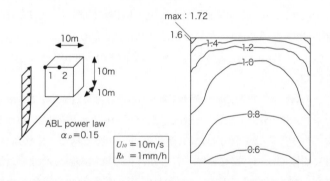

図3●壁面雨量分布の数値計算結果（高層建物モデル）
出典● Blocken,B.,Carmeliet,J.,The influence of the wind-blocking effect by a building on its wind-driven rain exposure.,Journal of Wind Engineering and Industrial Aerodynamics 94(2),2006.

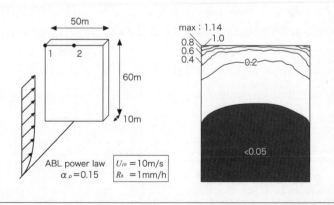

雨がかり

側から建物を避けるように向きを変えるので、風で運ばれてきた雨滴の大半が壁の周辺を通過するためと考えることができます。

　上方の壁面を濡らした雨水は、流下する際、窓台や壁面上のわずかな突起、あるいは不連続部分で壁面から切れ、滴下します。この滴下水は、通常壁面に向かって放物線状に落下します。中・低層建物の壁面で風当たりがさほど強くない状況では、この滴下水はそのまま地面に落ちるか、落下高さが十分ある場合は壁面に再付着します。

　一方、風当たりの強い高層建物の壁面では、壁から切れた水滴は落下速度が小さいうちに、壁面に沿って中央から外縁に向かって吹く気流の影響を受けるため、水平に近い角度で横方向に移動し、近くの壁面に再付着します。この水は再び同様の動きを繰り返しながら順次外向きに移動し、最終的に壁面の端部から飛散するため、壁面上を下方まで移動する雨水はごく少なくなります。

　1960年代に日本で高さ60mを超える高層ビルが建設され始めた頃、台風の時にはビルの壁面を流れる雨水が集まって、最下階では滝のように流れ落ちるのではないかと心配されたこともあります。しかし、実際に建ってみると、そのようなことがなかったのは、建物の手前での雨滴と壁面上での滴下水の振る舞いのせいだったということになります。

Q 24

軒の出寸法で雨がかりは
どれくらい変わる？

突然の夕立に軒先を借りて雨宿り、などということも、今の市街地の状況では難しくなったようです。軒を壁面から深く出し、季節に応じて日射しを調節すると共に、雨の時でも戸を開け放しにして風が通るようにするというのは、とりわけ蒸し暑い夏を快適に過ごすための日本の家づくりの知恵でした。

強い吹き降りでは、軒下にも雨が降り込んできますが、水平にでも降らない限り、軒の直下の壁面には雨がかりしない範囲が残るはずです。この部分にひび割れやシール切れなど、防水上の欠陥が存在しても、まわりの壁面を雨水が濡らさない限り、雨漏りは発生しません。軒や庇などの突出部の直下で、どんな雨の時にも雨がかりしない壁面の範囲が分かれば雨仕舞に役立つと考え、どのように調べたらよいか模索していました。筆者が雨仕舞の研究に本格的に取り組み始めた、40年以上前の話です。

朝から強い吹き降りになったある休みの日、当時、東京都内の某団地に住んでいた筆者は、ベランダ越しに隣棟の壁が吹き付ける雨で濡れる様をぼんやり眺めていたのですが、たまたま、壁面に並んだ出窓の下の、**写真1**に写っているような台形に汚れた

🐾 雨がかり

写真1●出窓下壁面の汚れパターン。雨で濡れない部分に汚れが残っている（記号は計測した寸法）

写真2●軒（ケラバ）直下の壁面の汚れパターン。日影のように見えるが写真は逆光で撮られていることに注意

部分だけが濡れ残っていることに気付きました。

この汚れの形は、長年壁面に積もったホコリがこの部分だけ雨水で洗い流されないために生じたものに違いない。そう考えて今度は少し古めの戸建て住宅の壁面を観察すると、軒下のある高さまでが軒線に平行に汚れている事例（**写真2**）が見つかりました。この汚れている部分の寸法と窓や軒の出寸法を手がかりに、壁面突出部の雨がかり遮蔽効果が定量化できるはずだと考え、学生さんと一緒に汚れが目立つ建物を探しては、その寸法を測って回りました。壁の汚れを一心に観察している我々の様子は、まわりで見ている人にとってさぞ不思議な光景だったことでしょう。このテーマについては何回か研究発表もしましたが、当時は軒直下の、常に雨で濡れない範囲だけに注目し、軒の出の効果を限定的にとらえていたこともあり、あまり手応えも感じないまま、いつしか興味はほかのテーマに移ってしまいました。

再び、軒の出による雨がかり軽減効果に関心を持ったのは30年後です。この時に考え直したのは、軒よりずっと下がった位置の、風雨条件によっては雨がかりする範囲の壁面でも、

軒線に近いほど、また、軒の出が大きいほど、雨がかりの頻度は低くなり、その分、雨漏りのリスクや、外装材の劣化リスクは低減されるので、雨がかりに対する軒の出の効果を壁面全体について評価すべきではないかということです。そこで、古い汚れ寸法の実測データを引っ張り出し、調査地域の過去の風雨観測記録を調べて、汚れを残したと考えられる雨滴の傾斜と風速の関係を検討しました。

その結果、低層戸建て住宅の場合、軒部直下に衝突する雨滴の平均的な傾斜角 θ（水平面に対する角度）と、その時の地上高さ10mにおける平均風速 U_{10}（m/s）の関係を下の（1）式で表すと、C_{im} の値は最小4.1から最大15.5、平均約9に相当するという結果が得られました。

$$\tan \theta = \frac{C_{im}}{U_{10}} \cdots\cdots (1)$$

C_{im} のおおよその値が分かったので、軒の出寸法と降雨時の風速風向のデータから、軒下壁面の濡れない範囲を幾何学的に算定できることになりました。

また、図1は、傾斜角 θ の雨を受ける壁面の雨量と水平面雨量の関係を示したものですが、図から明らかなように、壁面雨量 R_w と水平面雨量（通常観測される雨量）R_h の間には、下の（2）式の関係があるので、（1）式、（2）式から得られる（3）式で、濡れ範囲の壁面雨量を風速と水平面雨量から算定できることになります。

$$R_w = \frac{R_h}{\tan \theta} \cdots\cdots (2)$$

$$\therefore R_w = R_h \frac{U_{10}}{C_{im}} \cdots\cdots (3)$$

☙ 雨がかり

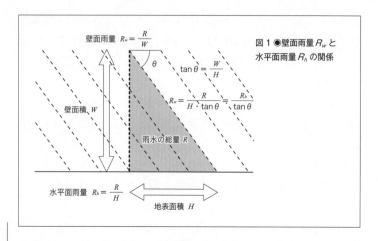

図1 ● 壁面雨量 R_w と水平面雨量 R_h の関係

ただし、「Q23：高層ビルの壁に吹き付ける雨はどこに行く？」で述べたように、壁面雨量は建物周辺気流の影響によって壁面内の位置で大幅に変化するため、雨がかり性状をより的確に把握するには、壁面内の位置ごとに異なる値となるように壁面雨量を計算する必要があります。その一つの方法として、軒位置の C_{im} 値を基準とし、壁面雨量分布に関する既往の知見に基づいて壁面各位置の C_{im} 値を補正することにより、(3) 式で壁面雨量を評価する方法を考えました。

図2は、この手法を用いて、横浜の市街地に建つ総2階建て住宅の壁面（基準軒高さ6m、壁面の幅8m、寄棟屋根、屋根勾配20°）を想定し、軒の出寸法を変えた場合の算定例です。軒の出90cmでは軒下1.5mの範囲が濡れるのは年に5回未満ですが、軒の出5cmの場合は40回以上になり、著しい差が認められます。

また、壁面隅角部の、軒より少し下がった位置の雨がかり頻度が最も激しくなっていますが、これは実際の建物で出隅部分が雨水による劣化を受けやすい箇所の一つになっている状況と合致し

図2●軒の出寸法による雨がかり分布の相違（横浜、北壁面、2016年）

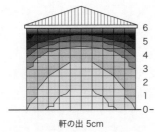

軒の出 5cm

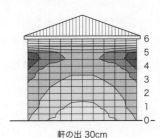

軒の出 30cm

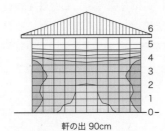

軒の出 90cm

壁面雨量 3mm/hr以上の
出現頻度［時間/年］

■ 40-45
■ 35-40
■ 30-35
■ 25-30
■ 20-25
■ 15-20
□ 10-15
□ 5-10
□ 0-5

雨がかり

ます。

　図2のような壁面の雨がかり性状を説明すると、壁の下方ほど濡れやすいと思っていたのに意外だったと言われることがよくあります。いったん壁面に当たった雨水は下方に流れるので、壁面の下のほうほど流下水量は増します。その意味では、壁の下に行くほど濡れやすいというのも当たっています。**図2**のシミュレーションを行う際、毎時の壁面雨量を上方から累加していくと壁面各高さの流下水量が計算できます。屋根面や壁面にある間隙部の浸水負荷としては流下水量が問題になります。

　「Q01：雨仕舞と防水は、どこが違う？」で述べたように、雨がかりは雨漏りが発生する必要条件の一つ、「孔のまわりに雨水が存在すること」に大きく関係します。雨水は、外装材料の劣化要因でもあるので、雨がかりをできるだけ少なくすることは、雨漏りリスクの低減のほかに、耐久性向上の観点からも重要です。

　雨漏り発生の必要条件のほかの二つ、「雨水が通り抜ける孔があること」や、「孔を通して雨水を移動させる力が働くこと」への対策は、防水施工技術や納まりの詳細設計がポイントですが、雨がかりは、屋根と壁全体の形態がかかわる問題なので、建物の基本計画で決定します。筆者がこれまで見聞した雨漏り事故例のうち、建築後早期に躯体の著しい劣化を引き起こした住宅は、ほぼ例外なく雨がかりに対して無防備な立面のものでした。これらの住宅のデザインがもう少し雨がかりに配慮したものだったら、これほどひどい事態にはならなかったろうと考えたものです。

Q 25

地面に落ちた雨はどれくらい跳ね上がる?

夏の夕立など激しい雨の時に、地面を叩く雨のしぶきが驚くほど高く跳ね上がるのを見たことはありませんか。写真1は高い位置から落とした水滴が、水膜で覆われた平らな面に衝突した瞬間を高速シャッターで撮影したものですが、落下点から放射状に斜め上方へしぶきが飛ぶ様子が分かります。

このため、屋根面やバルコニーの床に落ちて跳ね上がった雨滴のしぶきは、屋根材の重ねの隙間に入り込んだり、棟包みや雨押えの板金の裏面や、テラス窓の下枠の裏面を濡らし、雨が長時間

写真1●濡れたコンクリート面で跳ね返る水滴

❦ 雨がかり

写真2●軒先から落ちる雨水の跳ね返りで足元が腐朽したログハウスの外壁

続くと大きな水滴に成長して浸水の原因になることがあります。また、地面や庇の上面で跳ね上がったしぶきは、近くの壁面の足元を濡らします。壁の基礎まわりや庇の直上に見られる黒ずみやコケの付着はこれが原因です。

　跳ね返り雨水による濡れは、風がなく、雨滴が直接壁面を濡らさない条件や、流下雨水に対して保護されている箇所でも起きるので、注意が必要です。跳ね返り雨水がどれくらいの範囲に飛散するかに関心を持つようになったきっかけは、木造住宅の耐久性について議論していた委員会で、あるログハウスの調査写真（写真2）を見たことでした。

　このログハウスは築13年の別荘建築ですが、デッキに面した壁のログ材の、下から4段ほどが黒く変色しているのが見えます。この範囲のログ材は辺材部分が腐朽しており、その上方の木材は全く健全です。このような劣化が生じた原因は、といがない軒先から落ちる雨水や雪解け水が頻繁にベランダのウッドデッキに落ちて壁面足元部に跳ね返ったことです。この部分のログ材は、季節によっては乾燥する間がなく、腐朽に好適な含水条件が長時間継続したと推定されます。ログハウスでは木材の薬剤処理が行われ

ず、基礎上端につくられたデッキ面が雨落ち部になるという悪条件が重なったため、顕著な被害になったものですが、跳ね返り雨水が壁体や躯体の劣化環境になり得ることを示す事例と言えます。

跳ね返りのパターンとしては、このログハウスの事例のように、軒先や庇の先端から雨水が落ちる場合と、空中を降ってくる雨滴が直接衝突する場合の二通りがあるので、これらの状況を実験室で再現して、跳ね返った点からの水平距離、高さ別に壁面が受ける雨しぶきの量(跳ね返り雨量)を測定してみました。どちらの場合も、跳ね返り雨量はおおむね落ちる雨水の量に比例し、距離と高さに反比例するという結果が得られました。

跳ね返った微細なしぶきは相当遠くまで飛びますが、劣化要因として問題になるのは、跳ね返り雨量が一定以上の場合と考えられます。図1は、跳ね返り雨量が実験条件の降雨強度の1/100未満になり、実質的に跳ね返り雨水が到達する限度と判断される飛散範囲の最大値を示しています。軒先流下水の場合、最大水平距離で1.1m、最大高さは水平距離50cmにおける45cm程度

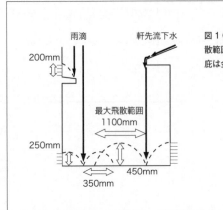

図1●跳ね返り雨水の実質最大飛散範囲(地面はコンクリート水平面、庇は金属板の場合)

でした。**写真2**のログハウスの軒の出は推定60cm程度ですが、あと50cm出ていれば足元部の腐朽は起きなかったことになります。また、直接地面に降る雨滴の場合は、降雨範囲の境界からの最大水平距離は35cm、最大高さは水平距離10cm以内における25cm程度と、軒先流下水の場合に比べるとかなり狭くなっています。図が示すように、雨が真下に降るような条件で、軒や庇が出ていても、壁面がしぶきの到達範囲にあれば、足元が濡れることになります。

　なお、飛散範囲は跳ね返り面の材質や表面の形状によって大きな差があります。**図1**の地面は、跳ね返りが最も激しいコンクリート水平面の場合です。跳ね返りにくい表面としては軟質のものや表面に凹凸があるものが良く、砂利や人工芝を敷くと、跳ね返り雨量は1/5〜1/10に減ります。

　その後、下屋の屋根面から上階の壁面足元部への雨滴の跳ね返りについても実験を行いました。標準的な屋根勾配を想定した屋根材の種類別の実験では金属板が最も飛散が激しく、降雨強度60mm/hrでの最大実質濡れ高さが20cmという結果が得られています。住宅屋根用化粧スレート、F形瓦はそれより飛散が弱く、J形、S形のように曲面状の瓦は最も跳ね返りが弱いという結果になりました。

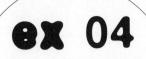

ex 04

雨仕舞のしくみが見えるオモシロ実験

鏡の面を水が横に流れる?

●準備するもの●

★鏡または平らなガラス板（鏡を使う場合は、水を流すので、洗面台など濡れても構わない場所を選んでください）

★撥水スプレー剤（自動車のサイドミラーの防滴用に市販されているもの）

★マスキングテープ（幅15mmくらい） ★水とスプレー容器

●実験の手順●

① 洗剤で鏡（またはガラス）面を清浄し、完全に乾かす。

② 図1のように、面上にマスキングテープを斜め45°に、間を20mmあけて平行に3段貼り、よく押し付ける。

③ テープの隙間全面に、撥水スプレー剤を塗り広げるように吹き付け、そのまま完全に乾かす。

④ マスキングテープを取り除く。

⑤ 面が垂直の状態で、撥水剤を吹き付けた範囲の上方に少量ずつ水を噴霧する。細かい水滴が集まって下に流れ始めたら、撥水剤を吹き付けた範囲の水の動きを観察する。

~ 雨がかり

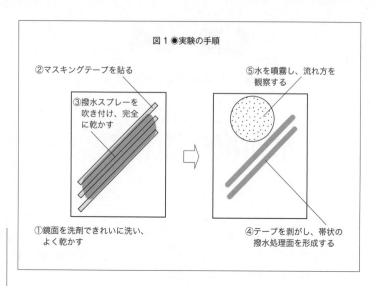

図1●実験の手順

② マスキングテープを貼る
③ 撥水スプレーを吹き付け、完全に乾かす
⑤ 水を噴霧し、流れ方を観察する
① 鏡面を洗剤できれいに洗い、よく乾かす
④ テープを剥がし、帯状の撥水処理面を形成する

●解 説●

本文「Q05：濡れるべきか、はじくべきか？」に出てくる、表面の濡れ性状差を利用した垂直面での水返し効果を確認する実験です。Q05の**写真2**のような、撥水性表面の上縁に沿って斜めに誘導される水の動きが観察できたでしょうか。方向としては斜め45°方向で、タイトルの「横に流れる？」は、少しオーバーかもしれませんが、普通なら下に流れ落ちる水が、横方向に向きを変えることは確かめられたと思います。

面に凹凸を設けずに、水の流れる方向を変えられるこの原理は、雨仕舞にとどまらず一般性のある流体制御技術として多方面に応用できると考え、以前、「水の流下方向制御性を有する建築用構造部材および建築用外壁構造体（発明人／石川廣三、出願人／東海大学）」として特許を取得しましたが、現在は特許が切れ、誰でも自由に使えます。

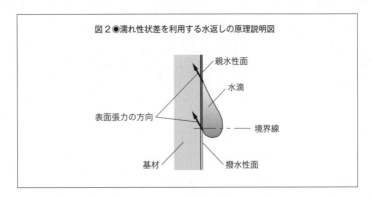

図2●濡れ性状差を利用する水返しの原理説明図

図2は、連続する平面上に形成された濡れやすい面（親水性面）と濡れにくい面（撥水性面）の境界に水滴が付着した状況を示したものです。図のように、水滴には上縁、下縁共に上向きの表面張力が作用するため、境界以外の部分に付着した水滴に比べて流下しにくくなります。この境界線を適度の傾斜をなすように配置することにより水返しが可能になります。

●雨仕舞との関連●

垂直な部材面を流下する水の予測しがたい動きについては、「ex02：水は壁面を真下に流れるか？」のテーマに取り上げたので、実際に確認していただけると思います。垂直面を流れる水を一定の方向に誘導する斜め溝型水返しの有効性については、「Q40：雨仕舞と洗濯板の関係とは？」で紹介しています。この表面濡れ性状差を利用して水の流下方法を制御する原理は、溝を刻むなど部材加工の必要がなく、経済的でどんな場所にも適用できるため、多くの可能性を秘めているはずですが、残念ながらこれまで実用化された話を聞きません。この実験が読者のみなさんの新しいアイディアの源になることを願っています。

♣ 雨がかり

雨とデザイン
あめとでざいん

Q 26
土の陸屋根が使われているのはどんな地域？

屋根は雨を直接受ける部位ですから、土地それぞれの雨の降り方と、そこに生まれた屋根の形には必ず関係があるはずです。考えるポイントは二つあります。一つには雨が多いか少ないかで、屋根をつくるために身近にある材料が異なること、もう一つはそうしてつくった屋根がその土地の降雨特性に対して雨漏りせず、また耐久性があるかということです。

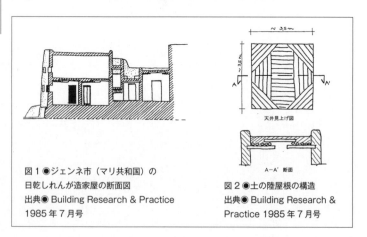

図1●ジェンネ市（マリ共和国）の
日乾しれんが造家屋の断面図
出典● Building Research & Practice
1985年7月号

図2●土の陸屋根の構造
出典● Building Research &
Practice 1985年7月号

多雨の気候は豊かな植生をもたらします。長大な木材が容易に得られる地域では、これで小屋組ができます。頭上の空間を覆う小屋組の形が自然に三角形になるのは、竪穴式住居の形を見ても分かります。この上に、これまたふんだんにある草や木の葉をかぶせれば、かなりの大雨でも雨漏りしない屋根ができ上がります。勾配屋根の誕生です。

　雨が少なく乾燥した気候の地域では、木材は細い枝のようなものでも貴重品で、いくらでも使えるのは泥だけです。このような地域では日乾しれんがなどで四方の壁を建てると、壁から壁に細い丸太を並べて架け渡し、その上に泥を置いて屋根をつくります。形は必然的に陸屋根になります。**図1**は日乾しれんが造家屋の断面図、**図2**は土の陸屋根の構造方法です。

　写真1と**写真2**は土の陸屋根を持つ建物の外観です。写真の地名から分かるように、このような土の陸屋根が伝統的に使われてきた地域は世界に広く分布しています。以前、このような地域の雨の降り方は実際にどうなのかを調べてみたことがあります。

写真1●土の陸屋根（ジェンネ、マリ共和国）
出典● Rickmann-Traveiog

写真2●土の陸屋根（タオス・プエブロ、アメリカ、ニューメキシコ州）
出典●ふじもん世界放浪ブログ

☂　**雨とデザイン**

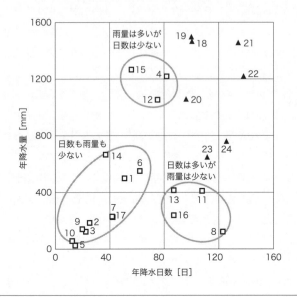

図3●陸屋根分布地域（□）と勾配屋根分布地域（▲）の降雨特性
降水データ出典● World Weather Information Service

　図3は各地の年降水量と年降雨日数をグラフ化したものです。四角形の印は、土の陸屋根を持つ住居形式が見られる代表地域を示しますが、実際は気象観測データがある最寄りの都市の値です。比較のために、勾配屋根が使われる各大陸の代表的な都市の値を三角形で示してあります。

　グラフを見ると勾配屋根の地域は右上、つまり雨量も降雨日数も多い範囲に分布しています。陸屋根の分布は左下の部分ですが、よく見ると日数も雨量も少ない地域、日数は多いが雨量は少ない地域、雨量はかなり多いが日数は年間80日以下の地域の三つのグループに分かれます。雨量が少ない地域に陸屋根が多いのは納

陸屋根の地域	1	Mopti（マリ）
	2	Tombouctou（マリ）
	3	Marrakech（モロッコ）
	4	Abuja（ナイジェリア）
	5	Cairo（エジプト）
	6	Jerusalem（イスラエル）
	7	Tehran（イラン）
	8	Baghdad（イラク）
	9	Jizan（サウジアラビア）
	10	Jeddah（サウジアラビア）
	11	Nevsehir（トルコ）
	12	Antalya（トルコ）
	13	Athens（ギリシャ）
	14	Jaipur（インド）
	15	Chennai（インド）
	16	Urumqi（中国）
	17	Albuquerque（アメリカ）
勾配屋根の地域	18	Tokyo（日本）
	19	Bangkok（タイ）
	20	New York（アメリカ）
	21	Sao Paulo（ブラジル）
	22	Sydney（オーストラリア）
	23	Paris（フランス）
	24	Ostend（ベルギー）

得がいきますが、雨量が多く日数が少ない地域で使われている理由は何なのでしょう。これについては「Q18：雨水が壁に浸み込む速さは雨が強いほど大きい？」で考察しています。

いずれにしても土の陸屋根は雨が降れば侵食されることは避けられず、傷んだ屋根を晴れ間や乾期にメンテナンスしながら使うことになります。陸屋根は勾配屋根に比べてメンテナンスが容易なことも、土の陸屋根文化を理解する上でヒントになりそうです。

●土の陸屋根の分布に関する参考文献
1)ポール・オリバー著、藤井明訳『世界の住文化図鑑』東洋書林、2004
2)布野修司編『世界住居誌』昭和堂、2005

 雨とデザイン

Q 27
白樺の皮を押さえる丸太の先が尖っているわけは?

洋の東西を問わず、木材は伝統的な建築の屋根葺き材として広く利用されてきました。屋根材としての木材の利用法で多いのは、薄く剥いだ板や樹皮の小片を、図1に示すように横方向は突付け、上下方向に葺き重ねる方法で、日本の柿板葺き、檜皮葺き、北米のウッドシングル葺き、ウッドシェイク葺きはみんなこのやり方です。板の厚さや寸法はいろいろです。素材は違いますが、天然スレートも葺き方は共通です。木材や粘板岩のような天然の素材を屋根材に利用する場合、薄い平板形状（屋

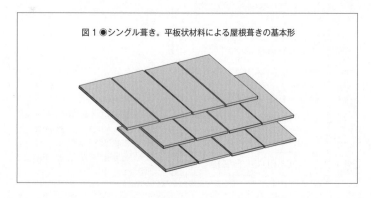

図1●シングル葺き。平板状材料による屋根葺きの基本形

写真1●フィンランドの木屋根
(長板タイプ)

写真2●フィンランドの木屋根
(シングルタイプ)

根材の場合、シングル shingle と総称する)が最も得やすいので、葺き方も必然的に同じになります。

日本と同様に木材資源が豊富で、木造建築の歴史が長いフィンランドでは、基礎から屋根まですべて木材でつくられた伝統様式の民家建築が、各地の野外博物館に集められています。これらの写真を見ると、屋根に載せて雨をしのぐための木材の使い方に、実に多くのバリエーションがあることに驚かされます。

写真1は、棟から軒まで届く一本物の丸太、あるいは厚板の断面を加工し、交互に向きを変えて谷と山ができるように並べたものです。材の断面形状は山形、半丸に近いもの、角とい状のものなど様々です。

写真2は、シングルのような小片の板材を使うのですが、横

雨とデザイン

写真3●フィンランドの木屋根
(樹皮タイプ)

写真4●樹皮の押え丸太の先端部
(復元物件)

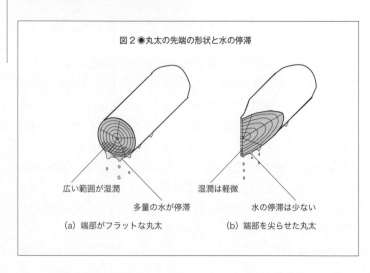

図2●丸太の先端の形状と水の停滞

広い範囲が湿潤　　多量の水が停滞　　湿潤は軽微　　水の停滞は少ない

(a) 端部がフラットな丸太　　(b) 端部を尖らせた丸太

方向は突付けではなく、重ね葺きし、1段ごとに重ねの向きを変えています。縞模様が粋な感じです。

　写真3は下地板の上に、防水層として白樺の樹皮を重ねて敷き並べ、勾配方向に流した丸太の重みで押さえる構造の屋根です。白樺の皮は抗菌作用があり、非常に耐久性に優れているとのことです。丸太で押さえるだけなので、釘穴もあかず、メンテナンスも簡単で合理的な構造です。ところで、この話のタイトルの丸太は、この押え丸太のことです。写真4にその先端部が写っていますが、いったい何のために尖らせているのでしょうか。

　こからは推測になります。木材は木口面から最も速く水を吸収します。図2(a)のように丸太の端面がフラットになるように切断した場合、丸太に沿って上から流れてきた雨水は先端に大量に停滞するので、木口面からの吸収量は多くなりますが、図2(b)のように丸太の端部を尖らせた場合は、先端部の面積が少ないために停滞水量は少なく、斜めになった切断面も完全な木口面ではないので、全体として端部からの吸水量はずっと少なくなると思われます。木材は含水量を一定以下に抑えれば腐朽しないので、尖らせた先端はフラットな切り口より腐りにくいはずです。尖った丸太の先は、雨がかりが避けられない屋根に水湿に弱い木材を用いる際の、耐久性向上の知恵ではないか、というのが筆者の説ですが、あるいはこれは考えすぎで、丸太を切るのにのこぎりより手っ取り早いので斧を使ったために尖っているだけかもしれません。

写真提供●菊池雅史（明治大学教授）

☂　**雨とデザイン**

Q 28

茅葺き屋根は
なぜ雨が漏らない？

茅、よし、麦わらなどの草で葺いた屋根で雨が防げること
は太古から人間が知っていたことですが、考えてみると、
瓦や金属板のように、面として雨を受ける屋根材と違って、1本
の草は全く雨をさえぎる能力を持たないのに、束になると防雨層
として機能する、そのしくみは実に不思議とも言えます。

草葺き屋根が雨を防ぐしくみについては、厚く葺かれるので下
まで浸み込むのに時間がかかるため、雨で濡れた草が膨張して隙
間を塞ぐため、いろりの煙で付いた煤が水をはじくため、などい
ろいろな説がありますが、これらは当たっているのでしょうか。

雨仕舞のしくみを幅広く探ろうと、伝統的構法に興味を持ち始
めた頃、研究室の学生さんと、民家の屋根の茅葺き作業をしてい
る現場に調査に行き、また、実験室では茅葺き屋根層の模型をつ
くっては水を流してみる実験を何年も続けました。**写真1**はそ
の頃につくった模型の一例です。

写真2は茅葺き作業の様子です。よしずの上に茅の束を乗せ、
根元のほうを、押えの役割をする木や竹（ボッコ、ホコ竹その他
の名前で呼ばれる）で押さえ、縄でたるきに固定しながら、順次、

写真1●茅葺き屋根の防雨性を調べる実験で用いた試験体
（ポリプロピレンストロー製）

写真2●茅葺き屋根の施工風景。茅の束の根元を縄で下地に固定し、重ねていく（岐阜県白川郷）

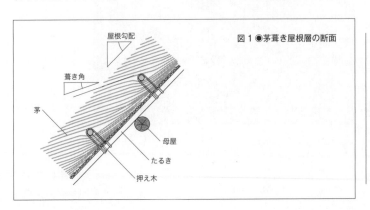
図1●茅葺き屋根層の断面

上の束を重ねて葺いていきます。このようにしてでき上がった茅葺きの層は、断面図で示すと、**図1**のようになり、表層部には片持ち状態の茅が、屋根面の勾配よりはゆるい傾斜で、ばらけた状態で並んでいます。

写真3は、実際の茅葺き屋根の表層部を撮影したものです。茅の切り口が屋根面に見えています。これは茅の勾配が屋根勾配よりゆるい証拠です。また、茅同士が密着せず、散らばって配列している様子が分かります。

↑　雨とデザイン

「Q13：雨仕舞に活きるキッチンの技とは？」で述べたように、棒状の材料を束にしたものは優れた導水部材になります。このことから、茅葺き屋根の表層部は、その全面に、導水部材が流れ方向に、かつ、屋根勾配より浅い勾配で配置された構造と考えることができます。

写真3●茅葺き屋根の表面

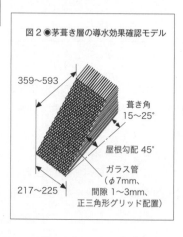

図2●茅葺き層の導水効果確認モデル

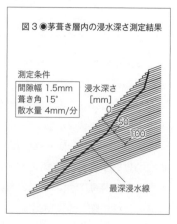

図3●茅葺き層内の浸水深さ測定結果

茅葺き屋根の防雨原理が、材質によるものではなく、茅の束の導水効果によることを確認するため、ガラス管を積層して図2のようなモデルをつくり、小口が並ぶ屋根面に人工雨を降らせて層内の浸水状況を調べてみました。筆者の指示に従って、ガラス管1200本を、実験条件ごとに相互の間隔と上下のずれ寸法を変えながら、1本ずつ重ね上げる作業を根気よくやってくれた当時の卒研生諸君には頭が下がります。

　図3はその実験結果の一例です。葺き角は導水には最も厳しい15°、棒の間隔が1.5mm、降雨強度は240mm/hrという豪雨での実験ですが、浸透深さは表面から50mm未満で、雨水は屋根の表層ですべて処理され、下方に浸透していないことが分かります。表面が親水性のガラス管が、密着しない状態で水を処理し、浸水が表層にとどまっているということは、最初に引用した説はすべて間違っていることになります。

　実際の屋根に葺かれた茅の密度は実験モデルよりもっと小さく、ばらけているため、浸水深さは実験より多少大きくなると思われますが、新しく葺かれたばかりの茅葺き屋根の軒先部を観察すると、雨水が浸透したために黒ずんだ層の切り口がはっきりと見え、その厚さは屋根の葺き厚に比べてごくわずかであることから、雨水が表層部で処理されていることが明らかです。

　ちなみに、茅葺き屋根の表層部の導水効果が発揮されるのは、茅の形状が崩れず、導水部材としての性能が維持されている間であり、年数が経つにつれて茅は次第に小片状に分解して隙間を埋めていくため、表層部全体がスポンジ状になっていきます。こうなると導水による水処理機能は失われ、長雨が続くと雨が漏るようになります。この世で一番怖いものとして昔話に出てくる「古家の漏り」が始まる屋根はこのような状態なのでしょう。

☂　雨とデザイン

Q 29

水切り瓦は本当に
しっくい壁を
風雨から守っている?

瓦と言っても、水切り瓦は屋根ではなく、壁に用います。しっくい壁の途中に瓦一列分を、しっくいを使って固定し、庇状に持ち出したものです。

高知県室戸地方では、**写真1**のような、水切り瓦を建物の外周全面に何段にも設けた、独特の外観の民家が見られます。水切り瓦は、台風銀座と言われるこの地域で強い雨風により壁に吹き付けられる雨水をそのまま流下させず、途中で切ることによって、しっくい塗り（ちなみにこの地域では土佐しっくいという独特の製法の材料が使われる）の壁面を長持ちさせる工夫とされています。しかし、実際にどのくらい壁面を流れる雨水を減らす効果があるのでしょう。

日本建築学会の図書館で水切り瓦について発表された研究論文を検索すると、水切り瓦のデザインや施工の技法、歴史についての研究はあるのですが、本来の目的である雨よけ効果を調べたものはないようです。そこで、「Q24：軒の出寸法で雨がかりはどれくらい変わる？」で紹介した、風雨の観測記録と軒の出寸法から壁面の雨がかり分布を評価する手法を応用して、軒下壁面の1

写真1●水切り瓦を設けた民家の外壁（高知県室戸市）
出典●蝉の日和見ブログ

雨とデザイン

年間の合計雨水流下量の分布を、水切り瓦がある場合とない場合について計算してみました。

想定した壁面は、切妻屋根総2階建て建物の南面桁行壁で、風雨のデータは高知県安芸市の観測値（2015年）を用い、屋根の軒の出60cm、水切り瓦の壁面からの出20cm、高さ方向の間隔を1.5m、壁面上の流下水は水切り瓦の一段ごとに先端から地上に落ち、下方の壁面に伝わらないものと仮定しています。

図1は、その計算結果です。水切り瓦がない場合、年間流下水量は壁面最下部で幅1mあたり800Lに達していますが、水切り瓦がある場合、年間流下水量の壁面内での最大値は80Lで、約1/10に減っています。筆者も、計算してみるまで、これほど顕著な効果があるとは思いませんでした。伝統から学ぶべきものは大きいと改めて感じます。

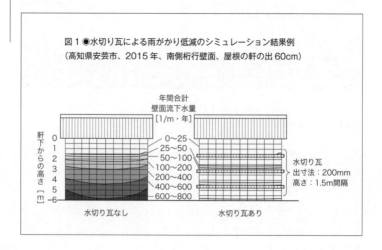

図1●水切り瓦による雨がかり低減のシミュレーション結果例
（高知県安芸市、2015年、南側桁行壁面、屋根の軒の出60cm）

Q 30
立上りが取れない内開き窓の下枠から雨が入らないわけは?

　日本の窓の形式も最近はずいぶん多様化してきましたが、小面積の窓を除くと、引戸の伝統を汲む引違い形式が主流のようです。一方、欧米の伝統的な窓形式は上げ下げ窓や開き窓です。開き窓には外開きと内開きの2通りがあり、古い建物では内開き形式が多く用いられています。わが国でも、明治、大正期に建てられた洋館建築で木製の内開き窓をよく見かけます。

　内開き窓は、風雨が吹き付けた時には開き勝手となり、また、窓を開けた時に窓障子が室内で邪魔になるデメリットがありますが、なぜ使われてきたのでしょう。サッシメーカーで設計を担当していた大学の先輩の説は、室内側からガラスの外面が掃除しやすいから、でした。確かに一理ある説ですが、筆者が気付いたのは、内開き窓は、外窓あるいは鎧戸と組み合わせて設けられている場合(**写真1**)が多いということです。なるほど、この場合には、内窓が外に開いたら部屋の中から外窓や鎧戸の操作ができないので、必然的に内開きになる理屈ですね。

　内開きの窓障子の下部を見ると、**写真2**のように三角形の断面の部材が取り付いているのが分かります。この部材は英語でウ

⇑　**雨とデザイン**

写真1●外窓と内開き窓の組合せ　　　　写真2●木製内開き窓の下框の水切り縁

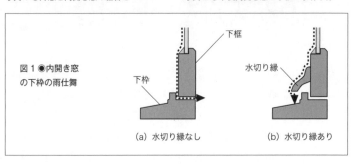

図1●内開き窓の下枠の雨仕舞

（a）水切り縁なし　　　（b）水切り縁あり

ェザー・ストリップ weatherstrip と呼ばれていますが、日本語の名称としては水切り縁と言ったところでしょうか。

内開き窓は、室内に向いて開くため、下枠に水返しの立上りを設けることができません。そのため、下框がそのままでは、図1(a)のように、窓面を濡らす雨水が下框の下端を回り込んで室内に浸入してしまいます。図1(b)のように下框に水切り縁を付けると、窓面を流れた雨水は水切り縁の先端から下枠の途中に落ち、雨仕舞ができます。ここでは、たった1本の水切り縁が雨水浸入防止に決定的な役割を果たしています。

欧米では、玄関ドアは内開きが原則です。出入り口が直接雨がかりする場所にある場合では、水切り縁がドアの雨仕舞にも役立っています。

Q 31

屋根勾配がきついほど
雨仕舞は良い?

面の勾配が大きいほど水はけが良いのは確かです。陸屋根やバルコニーの床面で水が溜まらないようにするには、一定以上勾配を取る必要があります。雨が降るたびに、玄関の前に水溜りができる、そんな家には誰でも住みたくはないですね。でも、うっかりするとそんな住宅ができてしまい、直すに直せないという笑えない話が実際にあります。

雨の日に吹き込んだ雨水で外廊下の幅半分は水溜りになるというクレームが発生したマンションの調査に関係したことがあります。断面図を見たところ、鉄骨（S）造のこのマンションは外廊下と室内部分の床スラブに全く段差がなく、玄関ドアの下枠の位置も低かったために、外廊下の仕上げモルタルだけでは十分な排水勾配が取れず、これが水溜りの原因でした。

完全に平らな床面はあり得ません。排水勾配の計画では床スラブのたわみ変形と施工精度を考慮に入れることが必要です。図1はたわみが生じた床スラブでの必要排水勾配を示しています。スパン中央のたわみをδとすると、スパン全長に対して2δ分の勾配を取ることで、スパン中央部がやっと水平に戻ることが分かり

☂ **雨とデザイン**

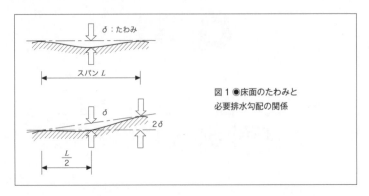

図1●床面のたわみと必要排水勾配の関係

ます。水を完全に排出するにはさらに大きな勾配が必要です。

仮にδの大きさをスパンの1/300（RC床スラブでは長期許容値がスパンの1/250）とすると、水が完全に溜まらないようにするには1/150の勾配では足りないということです。たわみの心配がない土間床でも、左官仕上げの標準的な施工精度では床面に1/300～1/600程度の高低差が生じることは防げません。排水を確実にするには、思ったより大きな勾配が必要ですね。

屋根に関しては、たとえば屋根材の縦重ね部からの雨水浸入を考えた場合、勾配が大きいほど重ねの有効水頭高さが大きくなるため、より高い差圧に対して浸水を防ぐことができます。また、勾配が大きいほど屋根面を流れる雨水の流速が増し、流れの断面積が小さくなることも浸水防止に有利になります。これらのことから屋根の勾配の大きさと雨仕舞の良さは、ある程度まで比例すると言えそうです。屋根材は、種別ごとに適用できる最小勾配が経験的に決まっています。これを下回る勾配で使うと確実に雨漏りにつながります。

ただし、屋根勾配が急すぎて垂直に近くなると、雨仕舞は逆に悪くなります。これはなぜでしょう。図2に示すように、緩勾

図2●勾配による水返し効果の差

(a) 緩勾配では立上りが水返しに有効
(b) 急勾配では立上りが水返しに働かない

配では水返しに有効な立上りが、垂直に近い面では全く機能しなくなることがその理由です。急勾配での雨仕舞性の低下は、縦重ねがなく、横重ねが主体の金属板立平葺き、長尺瓦棒葺きなどで特に顕著です。このように、屋根の勾配は雨仕舞と密接な関係があるわけですが、これから先は屋根勾配を決めるのは雨仕舞だけではないという話です。

ヨーロッパの各地に残る中世のまちなみは、瓦葺きの切妻屋根の家が建ち並ぶ景観が特徴的です。筆者が訪れた範囲で印象に残っているのはベルギー北部のブルージュ Bruges で、市庁舎の塔に登って見下ろした市街が、一面赤い瓦の屋根で埋め尽くされた光景が圧巻でした。写真1を見ると屋根の勾配は最低でも45°、急なものでは60°くらいあります。写真2は京都の瓦屋根の風景ですが、全国的にも日本の瓦屋根の勾配は、社寺などを除けば4寸から6寸といったところで、角度にすれば22〜31°です。ブルージュに比べてだいぶゆるいようです。

写真1と写真2の両地点の雨量を比べるとどうでしょうか。ブルージュのデータが探せなかったので、近くの港町、オステンド Ostend の値を調べると、年間雨量は750mmで京都の半分ほ

雨とデザイン

写真1●ブルージュ（ベルギー）の瓦屋根　　写真2●京都の瓦屋根

ど、降雨日数はむしろ多く、平均の日雨量はさらに小さくなります。同じ瓦屋根で比べてみても屋根勾配と雨の降り方にはどうやら直接の関係はなさそうですね。それでは、屋根勾配の地域差に関係するほかの要因は何でしょう。

　まず、考えられるのは雪です。雪質にもよりますが、一般的に屋根勾配を急にすれば雪が積もりにくく、積もっても落ちやすくなります。数年前に訪れた旭川で見かけた比較的新しい住宅には、矩勾配（45°）程度の屋根が多く用いられていました。一時普及した無落雪屋根はメンテナンスに難があり、最近は落雪屋根に変わってきている、とは現地の住宅事情に大変詳しいタクシーの運転手さんからの情報です。しかし、オステンドの冬の月平均最低気温は零下まで下がらないところを見ると、急勾配屋根は雪のためでもなさそうです。

　実は、地域的な屋根勾配の違いに大きく関係しているのは小屋組形式の相違です。ヨーロッパの勾配屋根の建物は、伝統的に屋根勾配に沿った斜めの構造材、合掌を主にした小屋組（図3（a））を用いています。このような小屋組形式では、合掌に伝わる屋根の荷重はその根元で水平方向に外向きに押し出す力、推力をもたらします。組積造の壁は横向きの力に弱いので、推力をできるだ

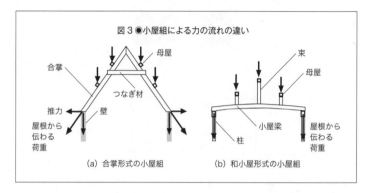

図3 ● 小屋組による力の流れの違い

(a) 合掌形式の小屋組 — 合掌、母屋、つなぎ材、推力、壁、屋根から伝わる荷重

(b) 和小屋形式の小屋組 — 束、母屋、小屋梁、柱、屋根から伝わる荷重

け小さく抑える必要がありますが、そのためには急勾配ほど推力が弱まり、構造上有利になることが図から分かります。一方、日本の軸組構法の木造家屋で使われてきた和小屋（図3（b））は、屋根荷重をすべて小屋梁で受けるので、推力は発生しません。力の処理のために急勾配にする必然性がなく、むしろ緩勾配にしたほうが、束が短く安定した構造になります。

屋根葺きの工法にも地域ごとの特色が見られます。日本の瓦屋根では下地に野地板を張り、その上に下葺き材を施工します。現在は瓦を桟木に引っ掛けて緊結する空葺きが主流ですが、以前は下葺きの全面に土を載せて瓦を固定する土葺きが一般的でした。土がずれるので、勾配はあまり急にはできません。瓦職人は野地面を歩いて作業します。一方、ヨーロッパの瓦屋根では、一般的な屋根下地は野地板がなく、たるきにじかに下葺き材を張り、瓦桟木を打って瓦を留め付けます（→Q44：ヨーロッパの瓦屋根には野地板がない？）。野地板がないので、瓦職人は桟木を足場にして作業しますが、この場合、屋根勾配はどちらかといえばゆるいよりは急なほうが姿勢は安定します。屋根勾配の違いはこんなところにも関係しているのですね。

☂ 雨とデザイン

Q 32

軒0（のきゼロ）、
どこが問題？

日本の伝統的な形式の民家は、何といっても大きく張り出した屋根の軒が特徴です。大きな軒の出は、下方に半屋外、半屋内の空間を形成することにより、農作業を主体とする生活に便利な場を確保し、また、雨の日でも室内への通風と採光を可能にすると共に、土壁など、耐水性に乏しい素材でできた外装を雨から保護するのに役立ってきました。

そのような伝統を継承した日本の木造住宅の軒の出は、昭和中期頃までは都市部でも90cm程度あるのが普通でしたが、建物の外装にモルタル、ガラス、金属建具など、耐水性のある部材が使われ始めるにつれて、60cm、45cmと次第に小さくなり、市街地では敷地の狭小化もそれに拍車をかけ、15cm程度の申しわけ程度のものから、最近はついに全く壁面から軒が出ていない、いわゆる軒0（のきゼロ）形式の住宅が増えています（写真1）。

軒0形式は、壁面を敷地境界線に寄せられるため、敷地の有効利用が可能であるほかに、屋根面積が小さくなる、軒天井の工事が割愛できるなど、工事費削減上のメリットも採用の動機になっていると考えられますが、ある住宅瑕疵担保責任保険法人が

写真1●軒0（のきゼロ）の屋根

2010年以降に保険契約した住宅の雨漏り瑕疵発生状況について、軒の出が柱芯から15〜25cm未満の部位での瑕疵発生率は、軒の出がそれ以上の部位での発生率に比べて約5倍高かったという分析結果[※]もあり、雨仕舞上、極めて問題が多いと考えられます。では、軒0はどこが問題なのでしょうか？

屋根も、外壁も、最終的な止水ラインは下地に用いる下葺き材や防水紙です。屋根の下葺き材は屋根工事業者が施工しますが、外壁の防水紙は大工業、または外装工事業者の施工範囲で、それぞれ異なる業種が施工します。木造住宅では通常、外装工事より屋根工事が先行し、屋根工事業者は野地の先端部まで下葺き材を施工し、その上に屋根材を葺きます。その後は外壁と軒天井の工程になり、外壁の防水紙は躯体の外面に沿い、軒天井のラインから15cm程度上まで張り上げます。当然、屋根と外

☂ 雨とデザイン

壁の止水ラインはつながっていません。

軒の出がある住宅では、外壁防水紙の張り仕舞の位置は軒の出によって雨がかりから保護されるため、止水ラインの不連続はさほど問題ではありません。ところが、軒０形式の住宅で、軒の出がある場合と同様の工程で屋根と外壁の工事を実施すると、お互いの止水ラインの端部が不連続なまま、常時雨がかりする位置に置かれる状態になり、その結果、不連続部分から雨水が浸入するリスクが極めて高くなります。

軒０のような部位形態で雨水浸入を防止するには、屋根の下葺き材と外壁の防水紙を連続させ、一体の止水ラインを形成する必要がありますが、そのためには適切な納まり設計と、連続施工を可能にするための工程の見直しや、責任施工範囲を明確にする作業要領の整備、綿密な工事管理の実施が不可欠です。

また、軒先部分は、上方の屋根下地に入り込んだ水が集まってくるところです。屋根のリフォーム工事でも、ほかの場所は健全なのに、軒先部の下地だけが劣化している事例が多く見られます。軒が外壁より出ている場合、万が一、軒先部に集まってきた水が浸透しても、鼻隠し板や軒天井の劣化で済みますが、軒０の場合は、壁内や室内の天井面が湿潤することになり、被害範囲が拡大します。

軒０のもう一つの問題は、軒の出による壁面の雨がかりからの保護が得られなくなり、壁面各部からの雨漏りや劣化のリスクが増大することです。この問題については「Q24：軒の出寸法で雨がかりはどれくらい変わる？」で詳しく扱っていますので、そちらをあわせて読んでください。

※日経ホームビルダー編著『雨漏りトラブル完全解決』日経BP社、2017

Q 33

ケラバの出の大小を決めるのは?

　近頃はウェブ上の画像情報が充実し、世界中のまちなみの風景を、居ながらにして見ることができるようになりました。観光地の有名な建物だけでなく、それぞれの風土に溶け込み、土地の人々の生活が感じられる、ごく普通の住宅を眺めるのも楽しいものです。こうした折に感じることの一つは、地域によって屋根のケラバの出に違いがあり、それによって住宅の外観の雰囲気が大きく変わることです。

　ヨーロッパに多い組積造の建物では、屋根のケラバは妻壁の面で止まっている場合が多く、切妻屋根の建物の妻面は、棟を頂点にした単純な五角形に見えます。アムステルダムの運河沿いの建物のように、妻側のファサードが屋根より高く立ち上がり、ケラバを見せない意匠も多く見られます。人によって感じ方は様々だと思いますが、筆者には、こうした建物の外観は内外の空間を仕切る「壁」の存在が強く感じられます。

　一方、日本の木造戸建て住宅では、屋根のケラバは、軒と同程度壁から出すのが普通です。軒の出と同様、ケラバの出寸法も減少傾向にありますが、つい最近までは、市街地でも40〜

☂ 雨とデザイン

写真1●ケラバの出がない屋根
（イギリス）

写真2●軒とケラバが張り出した屋根
（兵庫県篠山市）

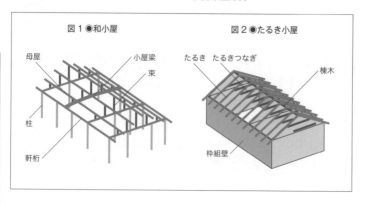

図1●和小屋

図2●たるき小屋

60cm程度の出寸法が普通でした。軒とケラバが張り出した外観からは、下にある生活空間や建物自体を守る「屋根」の存在がより強く感じられます。

　日本の切妻屋根の原型と言える伊勢神宮や出雲大社のケラバの出は2mくらいはありそうですね。深いケラバの出は、軒の出と同様に風雨から壁を保護し、かつ開放的な開口部から雨を吹き込ませないためのものです。雨に強い石やれんがで積み上げた、閉鎖的な壁を持つ組積造の建物では、ケラバを張り出す必然性が乏しいと考えれば、ケラバの出の大小の理由が分かる気がします。

しかし、ケラバの出に関係しているのは、雨がかりばかりではありません。ケラバの出に大きくかかわっているのは小屋組、つまり屋根の骨組です。「Q31：屋根勾配がきついほど雨仕舞は良い？」でも紹介しましたが、日本の伝統的な木造軸組構法の小屋組は、**図1**の和小屋です。

和小屋は梁から束を立て、流れ方向に直交して平行に配置する母屋を支えます。屋根の妻側では、母屋を持ち放しにすることで、大きなケラバの出が容易に得られます。

一方、ヨーロッパの伝統的な小屋組は屋根勾配に沿って流れ方向に配置する斜材を主体にしたものです。太い合掌材と母屋を組み合わせる方式もありますが、住宅で採用される小屋組の多くは**図2**に示すような、たるきだけで構成するたるき小屋です。たるきを支えるのは壁なので、妻壁より外側にはたるきをかけられず、そのままでは必然的にケラバの出がない骨組構造になります。

たるき小屋でケラバを出すには流れに直角方向のケラバたるきを、一般部のたるきに組み合わせて、妻から張り出す必要がありますが、工事が複雑になるので、壁の雨がかりが問題にならない場合はケラバなしの屋根形状が選ばれるのは必然と言えます。木造枠組壁工法、いわゆるツーバイフォー建築でもたるき小屋を主に用いるので、その本場の北米やカナダでもケラバの出ていない屋根スタイルの住宅が多いようです。

「Q32：軒0（のきゼロ）、どこが問題？」で取り上げた、壁の外側に屋根を張り出さない最近の傾向は、ケラバについても見られます。ケラバは、屋根面全体が受ける雨水が集まる軒に比べれば流水量は少なく、その分油断しがちですが、屋根材の種類や屋根端部の納まりによっては、屋根面を横に移動した雨水が屋根材裏面に回りやすい部位です（→ Q41：雨水は屋根面や壁面を横

⇪　**雨とデザイン**

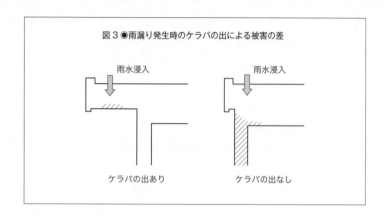

図3●雨漏り発生時のケラバの出による被害の差

に走る?)。また、この雨水が釘孔などから下葺き材の下に漏った場合、図3に示すようにケラバが出ていれば軒天井の汚染程度で済みますが、ケラバが出ていない屋根では浸入雨水が躯体を湿潤させたり、直接室内へ漏るリスクが高くなります。

また、屋根・壁の止水ラインの不連続部が雨がかりする問題と、下方の壁面の雨がかりが増大する問題は軒0と同じです。ケラバなしの屋根スタイルは、形だけ見れば洋風住宅の雰囲気をかもし出し、デザインとして選択されることもありそうですが、その形が何に由来し、どのような意味合いを持っているかを理解した上で採用することが大切だと思います。

Q34

雨漏りしやすい建物の形は?

雨漏りは建物全体からというよりは、屋根や外壁の特定の箇所で発生するので、雨漏りしやすい建物は、雨漏りのリスクが高い部位や納まり箇所をたくさん含んだ建物ということになります。これらの部位や納まりについての話は、次のQ35、Q36で扱うので、ここでは木造戸建て住宅を主体に、雨漏り事故が多く起きている建物の形の全般的傾向をいくつか取り上げます。

雨がかりしやすい建物

筆者がこれまで、20年以上にわたって雨漏りがらみの工事紛争処理に関係してきた経験からはっきりと言えるのは、特に低層戸建て住宅の場合、外壁面からの雨漏りが問題であったケースは、ほとんど例外なく、壁面の雨がかりに対して無防備な立面の物件だったということです。

「Q01: 雨仕舞と防水、どこがちがう?」で述べているように、雨がかりは雨漏り発生の必要条件です。雨が当たらない壁面では、たとえひび割れや納まりが不完全な部分があっても、雨漏りは起きません。もちろん、壁の雨がかりを完全に防ぐことは不可能で

↑ 雨とデザイン

すが、軒の出の確保により、濡れ頻度が減れば、雨漏り発生のリスクも確実に減ります。

狭小な敷地に無理に押し込んだ形の建物

近年、特に市街地で、解体された住宅の跡地を分割した狭小な敷地に、目一杯塞ぐように建てられた、同じような形の新築住宅が立ち並ぶ風景をよく目にします。雨漏り事故を引き起こす住宅の中には、このような敷地をフルに利用した住宅が目立ちます。

狭小な敷地に建つ住宅の雨漏りリスクが高い理由として、いくつか思い当たることがあります。まず、建築面積を確保するために軒の出が小さいことです。次に、庭が十分とれないために必然的にルーフバルコニーが採用されます。斜線制限の規制内で容積率を確保し、かつ全体の高さを抑えるため、腰折れ屋根のような変形屋根や、陸屋根の採用も多くなります。建設が可能な地域では延べ面積を増すため、3階建ても珍しくありません。建物の平面形状も敷地の形状に合わせるため、出入りが激しいもの、壁面線が平行でないものなどが多くなります。

これらの住宅形状は、大なり小なり、雨漏り発生リスクの高さにつながる要因と言えます。小さい軒の出の雨漏りリスクについてはQ24、Q32で、ルーフバルコニー、腰折れ屋根や陸屋根の雨漏りリスクについてはQ35、Q36で触れているので、参照してください。

3階建て住宅の雨漏りリスクが大きいことを示すデータがあります。住宅リフォーム・紛争処理支援センターの『住宅相談統計年報、資料編』（2015年）によると、戸建て住宅の雨漏り不具合の相談件数のうち、3階建て住宅が16.3%を占めています。同時期の木造戸建て住宅着工件数のうち、3階建ての比率は5.1%

なので、3階建て住宅の雨漏り相談の比率は、建設戸数に占める比率に比べると突出して高いと言えます。

3階建て住宅の雨漏りリスクが高い要因として、2階建て以下に比べて高さがあり、風当たりが強いこと、外力による建物各部の変位が大きいことが考えられます。しかし、3階建てが建てられるのは狭小な敷地条件の場合が多く、高さ以外に、先に挙げたような狭小敷地に建てられる住宅特有の形態要因が反映していると見るのが正しそうです。

出入りの激しい平面、隅が直角でない異形平面は、複雑な納まり箇所を多数生じさせ、間接的に雨漏りリスクの増大につながります。個々の建物形状のほかにも、狭小敷地の建物は必然的に隣接建物との間隔が狭くなり、このため、間に入り込んだ風の吹上げ作用で、軒裏換気口や軒先の野地裏から浸水が発生したと見られる事例も報告されています。

外観デザインが先行した建物

最近は木造住宅のデザインも多様化し、キューブ形、シンプルモダンなどと呼ばれる意匠が、特に若年層を中心に人気を集めているようです。特徴を一言で表せば、箱型の外観、壁勝ちでシャープな頂部のエッジライン、凹凸が少ないシームレスな壁面、壁面にフラットな窓、といったところでしょうか。

Q01では、雨を防ぐ技術としての雨仕舞と防水をいろいろな視点から対比し、意匠との関連について、雨仕舞は雨を防ぐ手法がそのまま外観に表れるのに対して、防水はどのような形態にも対応できることを述べました。雨仕舞をベースに雨対策をしてきた伝統的な建物のスタイルにとらわれない、斬新な意匠を実現する上で、防水技術の比重が大きくなることは当然です。問題は建

雨とデザイン

物の形態がその方向に変化したのに、使用する材料のグレードや納まり、工事の体制が、従来の雨仕舞を主体とした建物での仕様や体制のまま、工事が進められる場合です。このような建物は、必ず早期に問題を引き起こします。

設計側にも問題があります。こうした斬新なデザインの住宅建設には、設計者が意匠に関与することが少なくありません。いわゆるデザイナーズ住宅がそれです。残念なことに、多くの意匠設計者は、木造住宅の防水材料や工事仕様、納まり詳細に関する知識が十分とは言えないのが実情です。また、設計者から施工者に渡される設計図書には、浸水防止上重要な納まりの詳細図はなく、仕様書にも具体的な材料の商品名や施工法の詳細が明記されていないのがむしろ普通です。

その結果、これらの決定は施工者の裁量にゆだねられることになり、初期コスト削減優先の仕様選定や、施工者の経験や知識不足による誤施工に結び付く構図があります。つまり、外観意匠が先行し、防水性能を担保する仕様を実現するプロセスが追い付かないことが雨漏りリスクを増大させています。

地域性を無視した意匠の建物

「Q15：イギリス人はなぜ傘を差さない？」でも触れたように、世界各地の伝統的建築様式は、それぞれに魅力的で、デザインのモチーフにされることも多いのですが、これらの様式が、雨の降り方など、その土地の風土に根ざして成立してきたことを忘れてはなりません。

1980年代後半から、カナダのバンクーバー市周辺で、900棟の集合住宅と3万棟余の戸建て住宅が、雨漏りによる早期劣化を引き起こし、大きな社会問題になりました。この事件は雨漏りマ

ンション問題 Leaky condo crisis と呼ばれています。同様の問題は 2000 年頃からニュージーランドでも起きており、合わせて 13 万戸の住宅に被害があったことが報告されています。

　原因には、工事管理の不足や外装材の変化、通気層の不備など、多くの要因が重なっているようですが、最大の原因と指摘されているのがデザインの問題で、当時の流行だったポストモダニズムの風潮に合わせて、気温や降水量が全く異なる、地中海や南カリフォルニアの建築スタイルがもてはやされ、このことが結果的に雨漏りの多発を招いたとされています。

　わが国でも同様のことは少なくなさそうです。つい先日も、施主が、アルハンブラ宮殿を連想させる住宅の作風に惹かれて建築家に設計を依頼した豪邸で、基本的な雨仕舞の不備により完成後 3 カ月で大きな不具合が発生したという記事が、ビルダー向けの雑誌に出ていました。

☂　雨とデザイン

Q 35

雨漏りしやすい屋根の形は？

屋根の形は、雨仕舞の良否だけではなく、斜線制限など敷地の条件、積雪への対応、小屋組の計画、小屋裏や屋根上利用など、多様な要因を考慮して決められるものです。しかし、屋根の形状には、ほかの形状に比べて雨漏りのリスクが総体的に高いもの、雨仕舞が難しい納まり箇所が含まれるものがあり、これらを理解しておくことは重要です。

屋根の基本形状のうち、雨漏りリスクが大きいものとしてまず、水平の谷を持つ形式があります。のこぎり屋根（図1）、M形屋根（図2）、スノーダクト屋根（図3）などはその例です。水平の谷（A）は、ごみなどで落とし口が詰まることにより排水に支障を生じ、谷といから溢れた雨水が室内に漏れ出す危険があります。

同じ問題は、陸屋根（図4）のドレン（B）や、軒側がパラペット納まりで内とい（C）を設けた屋根（図5）にもあります。水下が軒になった三方パラペット屋根（図6）は、排水支障の問題はありませんが、陸屋根、内とい付き屋根と同様に、屋根面とパラペット面の取合い部（D）、水平のパラペット天端（E）から壁内に雨水が浸入するリスクがあります。

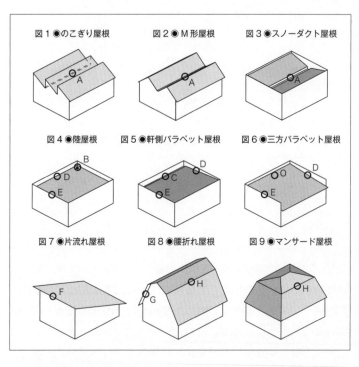

図1●のこぎり屋根　図2●M形屋根　図3●スノーダクト屋根

図4●陸屋根　図5●軒側パラペット屋根　図6●三方パラペット屋根

図7●片流れ屋根　図8●腰折れ屋根　図9●マンサード屋根

片流れ屋根（図7）は、水上側の軒下（F）が強風雨時に雨がかりしやすく、このため壁との取合い部から雨漏りする恐れがあります。また、棟がある屋根に比べて流れ長さが大きくなり、軒先部の流量が大きくなることもリスク要因と言えます。軒の裏面の雨がかりは急勾配屋根のケラバ部（G）にも共通する問題で、この点で急勾配部がある腰折れ屋根（図8）も要注意です。腰折れ屋根には屋根材により、勾配が変わる部分（H）の納め方が難しく、この点に関しては寄棟タイプのマンサード屋根（図9）も同じです。

屋根の一部に、雨仕舞が難しい納まりを含む屋根形状の例として、寄棟屋根（図10）、入母屋屋根（図11）、方形屋根（図12）

☂　雨とデザイン

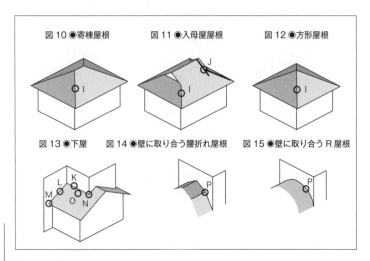

図10●寄棟屋根　図11●入母屋屋根　図12●方形屋根

図13●下屋　図14●壁に取り合う腰折れ屋根　図15●壁に取り合うR屋根

　など、隅棟（I）を持つ屋根があります。問題は、隅棟に接する屋根材を斜めに切断加工して葺くので、特にJ形瓦など、断面が曲面状の屋根材の場合、切断した瓦が受けた雨水の流れ方向が隅棟内部に向かうことです。これについては「Q46：勝手瓦ってなに？」で詳しく説明しています。瓦葺きの入母屋屋根は、掛瓦と刀根丸、降り棟と隅棟で構成される破風まわりの重厚な外観が特徴的ですが、降り棟と隅棟の交点（J）が屋根面に沿って流れる雨水をせき止める形になるので、この部分の雨仕舞には特別な工夫が必要になります。

　上階の壁に差しかかる下階の屋根、いわゆる下屋（図13）には、壁際の納まりの雨仕舞の問題があります。図13に示すように、壁際の取合いには水上側（K）、流れ方向（L）、壁止まり軒（M）、出隅（N）があり、部位ごとに適切な納まりが選定されないと、取合い部からの雨漏りのリスクが高くなります。雨漏りのリスクとは別に、下屋のもう一つの問題点として、小屋裏上部（O）の

図16●屋根面の交差部に谷ができる屋根伏と改善例

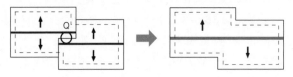

図17●下屋の水下が壁に向かい、壁止まりの軒がある屋根伏と改善例

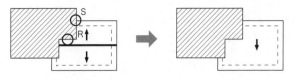

図18●棟違い、水下の入隅ができる屋根伏と改善例

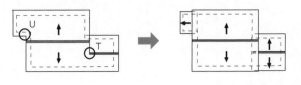

換気がとりにくく、内部結露を起こしやすいことが挙げられます。この問題は、図6の三方パラペット屋根にも共通します。特に下屋の下部は水まわり室であることが多く、条件が厳しくなります。ただし、最近はこのような部分でも屋根面を通して換気を可能にする部品も開発され、実験でも有用性が確認されています。

　同じく下屋で、腰折れや、R形などの形状の屋根が上階の壁に取り付くような場合（図14、15）は、屋根面の出隅部やR付き部分（P）の下葺き材や、雨押え板金の立上りにピンホールができることは避けられず、シーリング材など防水施工への依存度が高くなるため雨仕舞に問題があります。

🌧 **雨とデザイン**

最後に、切妻など、比較的雨仕舞の問題点が少ない屋根形状でも、屋根伏せの計画次第で雨漏りリスクが高まることがあります。図16〜18はそのいくつかの例です。図16は、棟がずれた二つの屋根面が水下で交差し、谷（Q）をつくっています。図17は、屋根面の雨水の流れが上階の壁（R）に向かい、せき止められる形になっています。また、軒先が壁止まり（S）になっていることも問題です。図18は棟違い（T）や水上側の入隅（U）があるため、破風際の水処理が難しくなります。それぞれの図の右側は屋根伏の計画を変えて問題を改善した例です。

Q 36

住宅で雨漏りしやすい部位は？

　る住宅瑕疵担保責任保険法人が、2008年以降の8年間の保険契約物件で発生した、雨漏り事故の原因箇所について分析を公表[※]しています。これによると、木造戸建て住宅の場合、細分化された原因箇所は155項目に及んでいますが、大きく区分すると雨水浸入部位の割合は外壁部が45.4%、屋根部が19.6%、屋根あるいはバルコニーと外壁の取合い部が35.0%となっており、取合い部の多さが目立ちます。また、原因箇所が外壁部、屋根部として区分されている中にも、外壁とサッシの取合い部など、部材相互の取合いや、入隅など、面の取合いなどが含まれており、外壁や屋根の平部で発生した割合は11%程度で、残りはすべて何らかの取合い部で発生しています。

　最も高い割合を占めたのは外壁のサッシまわりで27%、配管などの貫通部からの割合2.6%を含めると、外壁の開口部まわり全体としては約30%を占めています。その他の箇所の割合は5%以下ですが、中には部位としての母数は多くないにもかかわらず、高い割合を示している箇所もあり、注目されます。下屋の壁止まり軒部はその代表例です。

☂ **雨とデザイン**

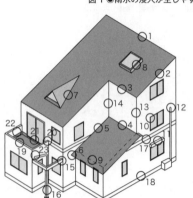

図1 ●雨水の浸入が生じやすい部位の例

1 出が少ない片流れ屋根の棟
2 出が少ないケラバ
3 出が少ない軒
4 下屋の壁際（水上側）
5 下屋の壁際（流れ方向）
6 壁止まり軒部
7 谷
8 天窓
9 軒裏と外壁の取合い部
10 外壁の開口部まわり
11 シャッターボックス
12 配管等の外壁貫通部
13 外壁出隅部
14 外壁入隅部
15 化粧梁貫通部
16 独立柱
17 化粧幕板
18 外壁と基礎の取合い部
19 バルコニー手すり壁笠木
20 手すり壁と外壁の取合い
21 防水層立上りと窓下枠取合い
22 防水層立上りと外装材取合い
23 ドレン

　図1は、このような情報に基づいて、木造戸建て住宅において雨漏り事故の発生割合が上位にランクされる取合い箇所を例示したものです。特にバルコニーまわりでは狭い範囲に多くの問題部位が集中しているのが目立ちます。これらのほかにも、屋根の形によってそれぞれリスクが高い部位がありますが、これらについてはQ35を参照してください。

　図1に○印で示されるような特定の部位で、雨水浸入事故がなぜ生じやすいのでしょう。表1に、特定の部位で雨仕舞が悪くなる共通的な要因と、それが当てはまる代表的な部位をまとめて示しました。納まり箇所の中には複数の要因が当てはまるものもあり、こうした部分はそれだけリスクが高いと言えます。表1の中にも何度も出てくる、壁止まり軒部（図1の6）の問題点を

表1●特定の部位で雨水浸入による劣化リスクが高くなる共通的な要因

区分	リスクを高める要因	当てはまる代表的な部位
雨水の流れ	勾配がなく、雨水が停滞しやすい	手すり壁、パラペットの天端
	一カ所に雨水が集まる	谷、内とい、ドレン、壁止まり軒部
	ドレン詰まりによるオーバーフローが起きやすい	バルコニー床、内とい
	部位面上の雨水の流れが阻害される	天窓その他の屋根面突出物まわり
	外皮内浸入雨水の排出が阻害される	外壁基礎まわり、外壁開口部まわり
施工	施工手順が難しい	谷部、壁止まり軒部
	位置的に作業がしづらい	バルコニー後施工防水層立上りとテラス窓下枠取合い
	異業種の工程錯綜による誤施工、不完全施工が起きやすい	屋根と壁の取合い、壁止まり軒部
構法	納まりが複雑	下屋の壁際、屋根の棟違い部、壁止まり軒部
	二次止水ラインの連続確保が難しい	出が小さい軒・ケラバ・片流れ棟部、外壁の窓まわり
	二次止水層のピンホールができる	バルコニー手すり壁と外壁の取合い（三面交点部）
	緊結材が二次止水層を貫通する	笠木の緊結金物、化粧幕板、後付けバルコニー
	剛性不足による防水の損傷が起きやすい	独立化粧梁、手すり付きバルコニー笠木
	通気がとりにくい	壁の出隅、入隅、独立柱

少し詳しく分析してみましょう。

壁止まり軒部は、上階の壁面が受ける雨水と下屋の屋根材と雨押えの間から浸入する雨水が集まってくる場所で、この雨水が軒と直交する壁の内部に浸入することが問題です。これを防ぐには、壁際の雨押えと捨て谷板の先端部で、壁止まり役

↑　雨とデザイン

物などによって屋根層の雨水を壁面と逆方向に誘導すると共に、下葺き材上面に浸入した雨水を、屋根より後施工となる外壁防水紙の外面に導く必要があります。

このため、屋根の施工前に先張り防水シートを外壁面材上に施工し、下葺き材の立上りをその上にかぶせ、また、下段の外壁防水紙をその下に挿入するといった、複雑な納まりが必要になります。図2はこの納まりを施工する手順を図解したものです。この1カ所の工事に19もの工程が存在し、かつ、各工程と関係職種が多岐にわたり、複雑に入り組んでいることが分かります。こうして見ると、完璧に工事が行われるのがむしろ不思議に思えてくるほどです。

ここで取合い部の雨仕舞の要点となる先張り防水シートの施工は、工数としては極めて小さく、本来は外壁防水紙の施工と一連の工程なのに、外壁と屋根の木工事の中間段階で実施しなければならないので、しばしば見落とされ、不具合の発生につながります。一般に、木造住宅の工事では、異業種施工間の連繋不足が、完成した住宅の品質不良、性能不足、初期故障の発生につながるリスクになります。

図1に例示したような、雨水の浸入によって劣化が生じやすい部位は、すべての住宅に存在するものではなく、平面、立面、屋根伏せなどの計画によっては避けられるものもあります。たとえば、上に述べた壁止まり軒部は、屋根伏せの計画によっては、なくすこともできます。建物本体と一体化したバルコニーで起きているいろいろな不具合も、自立式や屋根置きタイプのベランダが採用されていた時代には一切なかったものです。

表1にまとめたような、部位ごとの雨水浸入や劣化のリスクの存在を正しく認識し、可能であれば基本計画の段階で、問題が

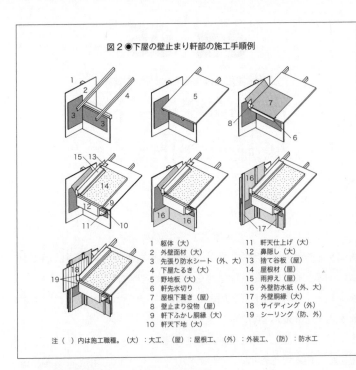

図2●下屋の壁止まり軒部の施工手順例

1 躯体（大）
2 外壁面材（大）
3 先張り防水シート（外、大）
4 下屋たるき（大）
5 野地板（大）
6 軒先水切り
7 屋根下葺き（屋）
8 壁止まり役物（屋）
9 軒下ふかし胴縁（大）
10 軒天下地（大）
11 軒天仕上げ（大）
12 鼻隠し（大）
13 捨て谷板（屋）
14 屋根材（屋）
15 雨押え（屋）
16 外壁防水紙（外、大）
17 外壁胴縁（大）
18 サイディング（外）
19 シーリング（防、外）

注 （ ）内は施工職種。（大）：大工、（屋）：屋根工、（外）：外装工、（防）：防水工

多い部位が出てこないように回避すること、要は、**図1**の○印ができるだけ少なくなるような建物にすることを、まずは考えてみるべきではないでしょうか。

しかし、住宅の設計における優先事項は、雨対策以外にも多くあります。雨漏りリスクが大きい納まり部位だからといって、必ずしも回避できない場合も当然あります。その場合、これらの部位については、リスクの内容や想定される現象、問題点を的確に把握し、設計・工事・検査のプロセスを通じて浸水・劣化防止に有効と考えられる措置を講ずることが重要です。

※日本住宅保証検査機構編『防水施工マニュアル』技報堂出版、2017

☂ **雨とデザイン**

ex 05

雨仕舞のしくみが見えるオモシロ実験

水を透すシートで
水漏れが止まる？

◉準備するもの◉

★20cm角くらいで厚さ3〜5mm程度の板2枚（材質は何でも
よいが水に濡れて変形しないもの）　★大きめのクリップ2個
★フローリングワイパー用の不織布シート（ウェットタイプ）1枚
★水と大きめのスポイト

◉実験の手順◉

（注意）実験する際は、下に水を受けるバットを用意するか、流
し台など、水を流しても大丈夫な場所で行ってください。

★実験Ⅰ

① 図1のように、2枚の板を、間に約2mm幅の隙間ができるよ
うに突き付け、端部をクリップではさんで組み合わせる。

② 組み合わせた板の上端を支え、30°程度傾けた状態で、上方の
板の上にスポイトで水を注ぎ、流れた水が2枚の板の隙間から下
に漏るかどうかを確認する（普通は水が漏るはずですが、漏らな
いようなら漏るまで隙間幅を広げてください）。

★実験Ⅱ

③ 上下の板の面に、隙間をまたぐように不織布シートを敷く。

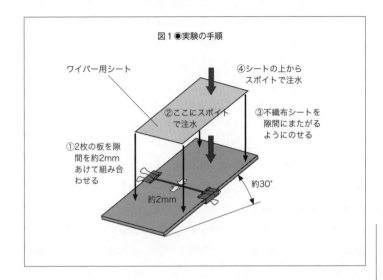

図1●実験の手順

④ シートの、上方の板面にのった部分に、②と同様、スポイトで水を注ぎ、2枚の板の隙間から水が下に漏るかどうかを確認する。

●解　説●

不織布シートの導水作用を確認する実験です。シートなしで水を流した場合は、当然隙間から漏れ出します。シートをのせた場合はどのような結果だったでしょうか。同じ不織布でも、表面が撥水性の透湿防水シートと違って、ウェットタイプのワイパー用シートは親水性で容易に水が透過します。このようなシートでも、水が不織布の繊維の表面に引き付けられて離れない状態を保ったまま、板の傾斜で形成される水頭圧でシート内を流下すれば、漏れは起きません。これが導水作用です。

隙間の幅に対してシートの導水性が不十分であったり、板の傾斜がゆるすぎたりすると導水が不完全になります。シートの種類、隙間の幅や板の傾斜をいろいろ変えて試してみてください。

☂ 雨とデザイン

◉雨仕舞との関連◉

　雨仕舞における導水の応用については、「Q06：地下道の水漏れはどこへ消えた？」「Q13：雨仕舞に活きるキッチンの技とは？」で紹介しています。Q06では、導水部材を用いた導水経路のいろいろなパターンを示していますが、この実験は、そのうちの、隙間を越えて流れを連続させる使い方（Q06の**図1（e）**）の有効性を確認するためのものです。

　シートの材質によっても差があると思いますが、この実験から分かるのは、水を容易に透す性質のシートでも、使い方によって下地の隙間からの漏れを防ぐことが可能だということです。隙間の防水には不透水性の材料が必要、という建築の常識を覆すこの実験は、改めて雨仕舞のしくみの多様さ、可能性に目を開かせてくれます。

雨仕舞の納まり

<small>あまじまいのおさまり</small>

Q 37

水切りは
板金だけではない?

住宅や建築に関係している人が、「水切り」と聞いてすぐ頭に思い浮かべるのは、外装材の隙間に差し込む、図1のようなイナズマ形の断面の板金部材ではないでしょうか。「土台水切り」はその代表です。この部材の役割は、外装材表面の上から流れてきた雨水を受けて、隙間から入り込まないように外に流してやることです。同様の部材は縦張りサイディングの長手方向の継ぎ目、バルコニーの防水層立上りと外装材の取合い部、跳ね出しバルコニーの手すり壁下端などに使われます。

「水切り」には、もう一つの種類があります。図2の○で囲んだ部分は、鉄筋コンクリート（RC）造の外壁開口部上や、庇の先端に設けられる溝ですが、これも水切りと呼びます。しかし、この水切りの働きは、明らかに図1の部材とは違っていますね。この溝の役割は、壁面を流下して、角を回り込んだ雨水が、下面を伝わって奥まで入り込まないように、水を落とすことです。

日本語ではどちらも水切りですが、英語では図1のものをflashing、図2のものをdripと呼び分けています。ちなみにflashは水を素早く流すこと、dripは滴り落ちることですから、

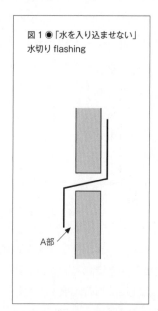

図1 ●「水を入り込ませない」水切り flashing

A部

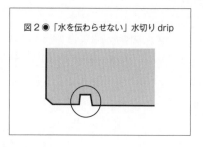

図2 ●「水を伝わらせない」水切り drip

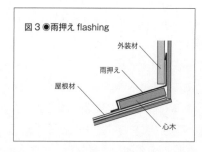

図3 ●雨押え flashing

外装材
雨押え
屋根材
心木

それぞれの働きが明快な呼び方です。あえてこの2種類の水切りを呼び分ければ、flashing は「水を入り込ませない水切り」、drip は「水を伝わらせない水切り」といったところでしょうか？

わが国では、屋根の壁際納めに使う、図3のような形状の部材を雨押えと呼びますが、英語の建築用語ではこれも flashing です。

実は、図1のタイプの水切りも、もう一つのタイプの水切り、drip と無縁ではありません。板金部材の下端（図1のA部）は、通常、下方の外装面と密着させずに隙間をあけます。これは、下端部と外装面の間に水膜が張って、横走りを起こさないためです。つまり、水を伝わらせない機能も兼ね備えることが求められます。このように、「水を伝わらせない水切り」drip は、水を切る位置や働き方、形状に様々な種類があるので、基本的な事項を整理し

♠ 雨仕舞の納まり

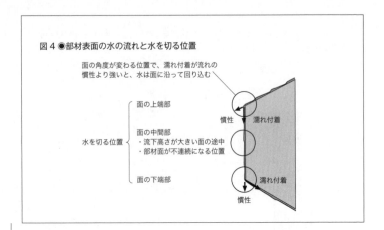

図4●部材表面の水の流れと水を切る位置

てみました。

　まず、水を切る位置ですが、建物表面を流れる雨水は、表面張力の作用で、図4に示すように、面の角度が変わる位置でも表面から離れることなく、面に沿って回り込む傾向があります。そこで、水を切る原則的な位置は、面の角度が変わる上端部、下端部になります。また、下方への流下水量を抑制する目的で、あるいは面が不連続になる場合は、壁面の中間部でも水を切る必要が生じます。

　次に、水切りの働きには、その位置に応じて以下のように多様なものがあります。
(1) ホコリを巻き込んだ雨水を直接伝えないようにして下方壁面の汚れを防止する。
(2) 流下水を壁面から離れた位置で滴下させ、下方壁面の濡れを軽減する。
(3) 隙間の水膜形成を防止し、浸水リスクを軽減する。
(4) 部材下面に回り込んだ雨水の滴下、伝い水による不具合を軽

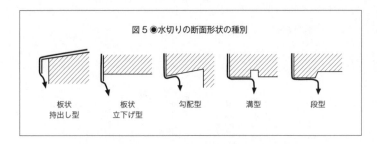

図5 ● 水切りの断面形状の種別

板状 持出し型 / 板状 立下げ型 / 勾配型 / 溝型 / 段型

表1 ● 水切りの位置、働きと断面形状の例

位置	働き	断面形状
上端部	汚れ防止	
	水膜形成防止	
中間部	濡れ軽減	
	水膜形成防止	
下端部	滴下、伝い水防止	
	回り込み浸水防止	

減する。

(5) 近接した部材取合い部への水の回り込みを防止して浸水リスクを軽減する。

さらに、水を切る部分の断面形状は、図5に示す5種に大別できます。板状は板金部材や形材の下端で水を切るもので、部材を前方に持ち出す型と立ち下げる型に分けられます。勾配型は下面の逆勾配を利用して水を切るもの、溝型、段型はそれぞれ下面に溝、段差を設けて水を切るものです。図5は基本形状を示しており、構成する材料や組合せに応じて多くのバリエーションがあります。

雨仕舞の納まり

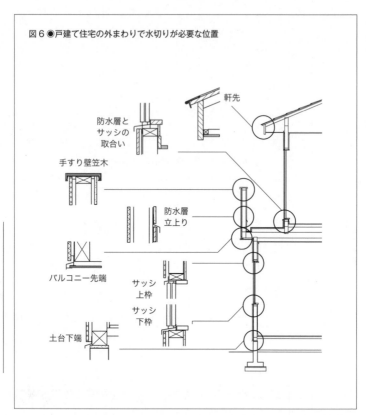

図6●戸建て住宅の外まわりで水切りが必要な位置

　表1は、水を切る位置ごとに、主な働きと、採用される断面形状の例をまとめてみたものです。

　実際の建物では、水切りは様々な部位で雨仕舞に役立っています。図6は、戸建て住宅の外まわりで水切りを考えるべき位置を示しています。こうしてみると、水切りが役立つ場所はたくさんあることに気付かされます。外装各部の納まりを、きちんと水切りができているかという観点から見直すことが大切です。

Q 38

水が切れる幅や高さはどのくらい？

この話は、「Q37：水切りは板金だけではない？」で出てきた、「水を伝わらせない」水切りdripについての話です。図1に、改めて水切りの基本的な断面形状を示しました。この図で、部材表面を流れる水が、網掛けした部分の表面に伝わらないことで水が切れたと判断することにします。

水切りの良否に最も関係するのは、板状の持出し型ではaの持出し長さ、立下げ型ではbの立下がり、勾配型ではcの下面の立上り、溝型ではdの溝の幅とeの溝の深さ、段型ではfの段差です。これらの寸法を調節できるようにした水切りの基本断面モデルの前面に水を流して、網掛け部分に伝わる水の動きを観

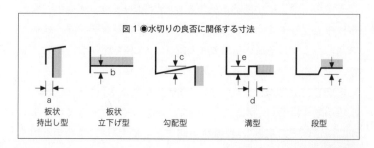

図1●水切りの良否に関係する寸法

板状持出し型　板状立下げ型　勾配型　溝型　段型

雨仕舞の納まり

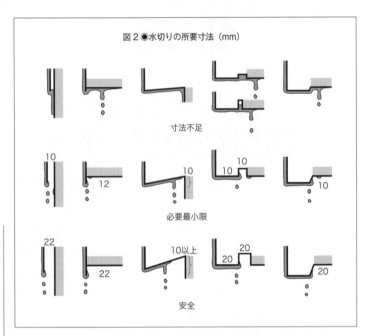

図2●水切りの所要寸法（mm）

察した実験から求めた、各部の所要寸法を図2に示しました。

　a〜fの寸法が小さいと、どの形状でも水切りを越えて網掛け部まで水が伝わってしまい、用をなしません。寸法がある程度大きくなると、網掛け部分に連続的に伝わる水は全く見られなくなりますが、少し風があると流下水から間歇的に飛ぶ水滴が付着する状態になります。この寸法は、水切りに必要な最小限の寸法と考えられます。それ以上寸法を増すと、水滴も届かない状態になり、十分安全な寸法と考えることができます。

　水切りに必要な寸法は、部材表面を流れる水量で異なります。水量が増すにつれて水切りに必要な寸法は次第に大きくなりますが、一定以上の水量では、流速が増すことによって、慣性で水が部

写真1●笠木端部の水切り幅（壁面からの出）が不足しているため、滴下水の再付着により直下の壁面に汚れが発生している

材先端で流下し、内側に回り込む傾向が弱まるため、所要寸法はむしろ小さくなります。このため、ピークの所要寸法を採用すれば、どんな水量に対しても水切り機能が果たせることになります。

図2に示した寸法が、実験で得られたa〜fのピーク所要寸法です。これより小さい寸法でも流量に応じた水切り効果はありますが、いずれの形式も3mm以下程度では効果はなく、水切りを越えた連続流れが発生してしまいます。

以上は直接水を伝わらせないための必要寸法の話ですが、板状持出しタイプの水切りは、断面形状から分かるように、直接伝わる流れは防げても、水切り先端から滴下する水がすぐ下の壁面を濡らすようでは役に立ちません。写真1に示す住

雨仕舞の納まり

宅の壁面では、バルコニーの笠木端部と壁面の隙間が狭く水切りの持出し長さが不足しているため、笠木上面のホコリを巻き込んで滴下した雨水が直下の壁面を濡らし、汚れが発生しています。このような汚れを防ぐには、持出し長さを十分大きくとると共に、できるだけ滴下水を壁のほうに呼び込まない水切り先端部の形状を選ぶ必要があります。

　水切りからの滴下水は、壁面方向に放物線状に落下するので、濡れ位置までの落下高さはおおむね持出し長さの2乗に比例します。水を呼び込みやすい先端部の形状としては下端の幅が広い、下端外縁の形状が丸みを帯びているなどがあり、先端を鋭角にする、外側へ斜めに折り返すなどは水を呼びにくくする効果があります。市販の水切り部材を用いた実験によると、持出し長さ30mmで、濡れ位置までの最小落下高さは100〜400mmと、部材形状により差があり、その下方の濡れ水量にも大きな違いが見られました。

Q 39
水切りや雨押えの立上りは大きいほど雨水の逆流に強い?

水切り(今度は Q37 の「水を入り込ませない」水切り flashing のほう)や雨押えなどの立上り寸法はどのくらいあればよいかは、よく議論されるところです。ある建築板金メーカーのカタログを見ると、立上り寸法は水切りでは 40〜60mm、雨押えでは 70〜150mm と幅があります。

図1は外装仕上げ下端部と土台水切りの納まりです。水切りの立上り前面に防水紙を張り重ね、その上に外装材を施工します。張り重ねを確実にするには、50mm 程度の幅は必要です。水切り製品の立上り寸法は、このあたりで決まっていると考えられます。

防水紙はそのラインまで雨水が浸入することが前提ですから、外面を流下してきた水を排出してやる必要があります。(a)の通気構法では一般に外装材と水切りの間を 10mm 程度あけ、溜まった雨水で通気が妨げられないようにするため、ここからの排水は容易です。(b)のモルタル直張り構法では、モルタルと水切りの隙間が水の排出経路になります。

排出経路になることは、浸水経路にもなり得ることです。この部分に正面から強い風を伴った雨が吹き付けると、風圧で排水が

雨仕舞の納まり

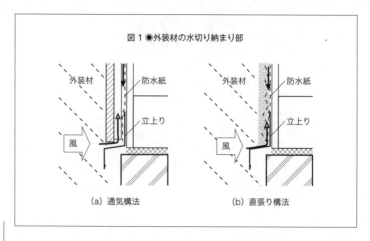

図1●外装材の水切り納まり部

(a) 通気構法

(b) 直張り構法

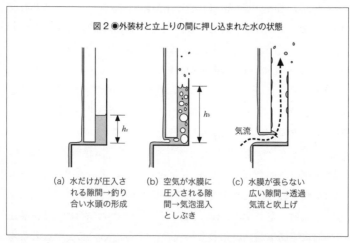

図2●外装材と立上りの間に押し込まれた水の状態

(a) 水だけが圧入される隙間→釣り合い水頭の形成

(b) 空気が水膜に圧入される隙間→気泡混入としぶき

(c) 水膜が張らない広い隙間→透過気流と吹上げ

阻害されるばかりではなく、外部から雨水が外装材と水切りの立上り部の隙間に逆流します。この時、立上りの高さが大きいほど逆流に対して安全と考えてよいでしょうか？

図2は、立上り部と外装材の隙間に雨水が風圧で押し込まれ

た状態の模式図です。実際の納まりでは立上りの両端部がシールされることは少なく、押し込まれた水が端部から逃げる場合が多いと考えられますが、ここでは外部に向いた入り口だけから出入りすると考えます。

入り口の隙間がごく狭い場合には、(a) のように雨水が立上り部の隙間を満たす状態になり、この水の水頭圧が風圧（正確には内外の差圧）と釣り合うため、釣り合い水頭が立上りを超えるまで溢れ出しません。単純に速度圧＝差圧と見なすと、立上り60mmの場合、速度圧60mm水柱（590Pa）をもたらす風速31m/sの暴風雨まで持ちこたえられる計算になります。

ところが、雨水の入り口が広がると、増加する浸入水量に対して流下雨水の量が不足するため、(b) に示すように気泡が混入する状態になります。この時の立上り部の水面高さは、実験の観察によると同じ差圧が作用する時の釣り合い水頭の3〜5倍になり、高さ60mmの立上りを越えて水が溢れ出さない風速の限界は12〜14m/s止まりとなります。

写真1は、立上りの隙間の浸水状況を検討するための実験で観察された、(a) 釣り合い水頭形成状態と、(b) 気泡混入状態を示しています。両方共作用させた差圧は同じで、隙間の屋外側入り口の寸法が異なるだけですが、水の浸入高さやしぶきの飛散状態に大きな差があることが分かると思います。

通気構法の外装材下端部のように、雨水の入り口が水膜で塞がれない寸法の場合は、差圧が増して隙間を透過する気流の速度が一定限度を超えると、図2（c）に示すように水膜が外装材裏面や立上り面を這い上がるようになり、この状態では立上り寸法がいくらあっても、逆流防止には関係ないということになります。

部材の取合い部が密着する湿式仕上げの納まりでは図2の (a)

雨仕舞の納まり

写真1●立上り部にガラス板を用いたモデルで観察した隙間内の雨水の状態。(a)は隙間の入り口が狭く、水だけが圧入されて釣り合い水頭を形成している。(b)は入り口が広いため気泡が入り込み、激しく乱れている。両方とも作用する差圧は同じだが、水の浸入状況は全く違う

(a) 釣り合い水頭が形成された状態

(b) 気泡が混入した状態

写真2●水切り継ぎ目からの雨漏り。画面上方の金属板が水切りで矢印の部分が継ぎ目。水切り下方の木部（幕板）が漏れた雨水で濡れている。黒く変色しているが腐朽はしていない

のような状態も想定されますが、収縮によって隙間が拡大した状態や、最初から隙間がある乾式仕上げの納まりでは主として（b）や（c）の状態が想定されます。立上りを越えて吹き込む雨水に対して、下地のフェルトや防水紙を立上りにかぶせ、末端を防水テープで処理するなど、二次止水層の連続性について入念な配慮が必要です。ここでは板金納まりを例に説明しましたが、立上り部の雨水の動きについては、外装材の横目地や屋根材の重ねの隙間についても同様のことが当てはまります。

以上が立上り部の雨水の動きの原理的な話ですが、実際の建物での納まりとなると、別の問題があります。たとえば水切りの板金には必ず継ぎ目があります。**写真 2** は、築 42 年の住宅のリフォーム工事で内装を撤去した状態の時にたまたま大雨が降り、偶然に発見された水切りの継ぎ目からの雨漏りの様子です。水切りの位置は北壁面の 1 階と 2 階の中間部で、幕板上部の雨仕舞のために挿入されたものです。

　雨漏りが生じた時の気象記録を調べたところ、毎時 15 ～ 20mm の強い雨が、北方向から平均風速 4m/s の風を伴って 4 時間ほど降り続いていました。継ぎ目にはシーリング材が付着していましたが、すでに劣化して用をなしていません。ただ、この壁面の直上には 2 階の屋根の軒が 90cm 出ており、雨漏りが起きるのはこの箇所が雨がかりとなるような激しい風雨の日に限られていたと考えられます。雨漏り箇所の下の幕板は黒く変色していましたが、腐朽は見られませんでした。改めてできるだけ壁を雨がかりさせないことの重要性を認識させられますね。

🌢 **雨仕舞の納まり**

Q 40

雨仕舞と
洗濯板の関係とは?

この話の主題は水返しです。水返しは、部材表面を伝って内部に向かって移動する雨水を、外部に向けて戻してやる手法です。特に水返し部材と呼ばれるようなものはなく、部材表面の特定位置の形態を指すと考えればよいと思います。水返しは入り込もうとする雨水を逆戻りさせるという点で、雨仕舞の基本概念である、雨水の移動をコントロールする手法の代表格とも言えます。水返しの働きは、水平部材と垂直部材の双方で考えられますが、その手法には大きな違いがあります。まず、水平部材の水返しを、図1の断面の部材で考えます。

このような部材断面は、サッシの下枠や窓台、換気ガラリの横羽根などに見られます。図1のA、B、Cの位置が水返しに該当しますが、その働きや意味合いはそれぞれ異なります。

A部に落ちた雨水は勾配によって外に向かって戻っていきます。これは水を滞留させない目的の水返しです。れんが造や石造では、壁体開口部の窓台の上面を、A部のような形状にして雨水が溜まらないようにすることをウェザリング weathering と呼びます。weather には風化という意味もあります。水を溜めるこ

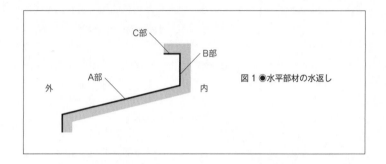

図1 ●水平部材の水返し

とは、れんがや石の風化を早めますから、風化を軽減するための措置という意味が込められた呼び方と解釈できます。

B部は、A部の雨水が気流で傾斜面に沿って逆流しても、上端を乗り越えずに戻るようにする目的の水返しです。逆流水を乗り越えさせないためだけであれば、平らな水平面に滞留する水の水位は、周辺への流出が妨げられない場合、10mm未満なので、立上り寸法は安全を見て20～30mmあれば、水返しは可能と考えられます。C部がなく、B部に沿って強い気流が吹き上げる場合は、どんなに立上りを大きくしても水返しはできません（AからBにかけて立ち上がる面の形状は、相じゃくり目地の板の下側にも共通しており、筆者の前著『雨仕舞のしくみ』では相じゃくり目地の立上り部も水返しとして扱いましたが、Q39で述べているように、隙間の水の動きには面の形状以外の要因が関係するため、ここでは部材表面の水返し効果に限定して話を続けます）。

C部は、立上り上端で面の方向を外に向けることによって、B部を這い上がってくる雨水の流れ方向を外側に戻してやる目的の水返しです。屋根の谷板のように、大きな流速で筋状に流れる雨水が立上り面を慣性で這い上がってくるような場合に有効な水返しです。また、A部に沿って気流が吹き上げる場合、B部が死水

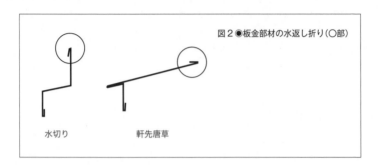

図2●板金部材の水返し折り(〇部)

領域になるため、B部の水の這上り防止にも有効ですが、気流速度が大きくなるとA部の水は直接C部の手前を越えて飛散するため、その働きには限界があります。「Q08：ガラリの羽根、雨が吹き込みにくいのは、横向き、縦向きのどっち？」にも書きましたが、これが横羽根式のガラリが強風雨時に防雨性を発揮できなくなる理由になっています。

水切りや、屋根の軒先唐草などの板金部材は、図2に示すように、上端部を表側に折り返すことが多く行われます。折り返す主な目的は、0.35mm程度の薄い板金材の端部が波打たないように剛性を与えること、および板の切り端での傷害を防止することです。この場合は仇折り、無駄折りなどと呼びますが、折曲げ部を密着させず、V字形状にしたものを水返しと呼ぶことがあります。この呼び名には、図1のC部が果たしている働きへの期待が込められ、板金工事ではその効果を高く評価する人もいます。

しかし、その開き幅は小さく、しばしば施工時に潰れてしまいがちです。また、これら板金部材の上には通常、防水紙や下葺き材などが密着して施工され、這い上がってきた水の流れ方向を変えるという意味での折曲げ部の水返し効果はあまり期待できません。少量の水に対しては移動範囲を抑制する効果はあると考えら

写真1●斜め溝型水返しの性能を確認した試験体

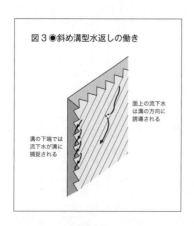

図3●斜め溝型水返しの働き

面上の流下水は溝の方向に誘導される

溝の下端では流下水が溝に捕捉される

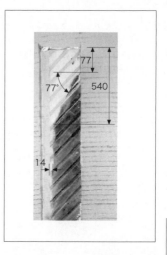

れますが、絶対的な止水ラインとして過信することは危険です。

水平面の水返しでは、水を逆戻りさせる力として重力を利用することが容易ですが、これに対して、垂直面で水返しを考えようとすると、難しい問題があります。「Q05：濡れるべきか、はじくべきか？」の写真1に示したように、また、「ex02：水は壁面を真下に流れるか？」でも確認してもらえたと思いますが、平滑な鉛直面を流れる水は、筋状に盛り上がり、不規則に蛇行して流れます。このような流れは、多少の突起や溝は慣性力で乗り越えてしまうので、部材の断面形状の工夫だけでは制御できず、また予測できない方向に流れるので、雨仕舞で最も扱いにくい水の動きと言えます。

ところが、鉛直面上の流れが内部に入り込まないよう、外向きに誘導する有効な方法があります。それは図3のように、部材面上に斜め方向の溝を外に向けて下り勾配になるように連続して設けることです。この溝の水返し効果は驚くほど高いものです。

雨仕舞の納まり

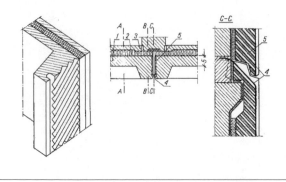

図4●PCカーテンウォール（デンマーク、1960年代）の垂直接合部に設けられた斜め溝型水返し diagonal grooves、別名 washing board（洗濯板）
出典●Bohdan Lewicki ; Building with Large Prefabricates,Elsevier Publishing Company,1966

写真1は斜め溝の水返し性能を実験で検討した時の試験体の一例で、溝を配置した幅12cmの部分に上部から毎分3Lの水を流した後で撮ったものです。濃い色の部分は水を流す前に塗った水彩絵の具の色で、水が流れた部分だけが絵の具が取れて白く見えます。およそ50cm流下する間にほとんど全部の水が左方向に誘導されていることが分かります。

ex02の解説で、筋状流れの蛇行は流れの周辺に働く界面張力の釣り合いの不均一で起きると説明しました。斜め溝は溝形状と界面張力の働きで水の鉛直方向の運動を停滞させ、水が溝に沿って流れるきっかけをつくる役割をしていると考えられます。

写真1の部材の溝深さは13mmですが、別の実験で流下水量が微量の場合、深さが0.5mm程度の細かな平行溝が連続した面でも水返し効果が確認できています。また、「Q05：濡れるべきか、はじくべきか？」で紹介しているように、撥水性の面と親水性の

面を交互にストライプ状に配置するだけでも、鉛直方向の水の運動を停滞させ、水返し効果が生まれます。これについては「ex04：鏡の面を水が横に流れる？」の実験テーマにしましたので、ぜひ確かめてください。

ところで、この話のタイトルについての説明が済んでいませんでした。板の表面に溝状の凹凸が並んだ洗濯板は、過去の遺物かと思ったら今も現役で売られているようです。斜め溝型水返しのアイディアは、1960年代に、北欧でPCカーテンウォールの垂直接合部（オープン・ジョイント）に採用され、当時、その形状からwashing board（洗濯板）の異名を取りました。図4はその接合部の図面です。

Q 41

雨水は屋根面や壁面を横に走る？

外装工事や屋根工事の経験が長い技術者から、雨水の横走りという言葉を聞くことがあります。常識的には重力の作用方向、つまり下向きに流れるはずの雨水が、壁面や屋根面で水平方向に移動することを指していますが、本当にそのようなことが起きるのでしょうか。

外壁の横張りサイディングの水平目地、あるいは外装材と水切りの取合いにできる狭い隙間は、壁が雨がかりすると容易に雨水で連続的に満たされます。隙間に残った水膜は、壁面を流下する筋状の雨水に押される形で、端部に向かって移動します。この現象を横走りと呼びます。横走りした雨水は、目地や取合いの端部がシーリング材で完全に塞がれていれば問題を引き起こしませんが、端部が見切り縁納めになって開放されている場合は、目地や取合いの端部から流出するので、見切り縁内部での処理を考える必要があります。

見切り縁が垂直の場合は下方に流れるのでまだ問題は少ないのですが、妻壁の矢切り部などで、見切り縁が斜めになっている場合には、**図1**に示すように、横走りした水は目地の端部から外

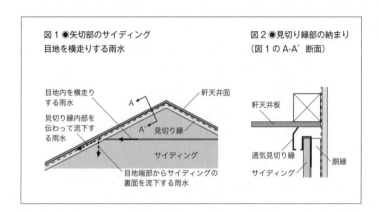

図1●矢切部のサイディング
目地を横走りする雨水

図2●見切り縁部の納まり
(図1のA-A'断面)

装材の裏に回り込み、あるいは見切り縁の内部を伝って、桁行壁まで達する恐れがあります。見切り縁の部分の断面図（図2）を見る時、実際には斜め方向の断面なのに、無意識に鉛直断面と思い込み、雨水処理に問題がないと誤解しがちですが、平面図として見れば、見方が変わってきますね。

水平目地の端部がシール目地の場合でも、油断はできません。通常、サイディング材のシール目地の底には、バックアップとしてハットジョイナーと呼ばれる、コの字形の板金部材が使われており、シーリング材は全厚に充填されていません。図3に示すように、この納まりでは、ハットジョイナーの高さによってはシーリングが目地端部の隙間を完全に塞がず、裏面側に、横走りした雨水の出口ができてしまう場合があります。

屋根面でも横走りの問題はあるのでしょうか？ 長期間経年した平板形の化粧スレート葺き屋根のリフォーム工事の際、スレートを撤去して下葺き材を剥がすと、屋根のケラバ部分に、ほかの部分には見られない野地板の劣化が、集中して発生している事例が多く見られます。スレートとケラバ水切りの隙間から

雨仕舞の納まり

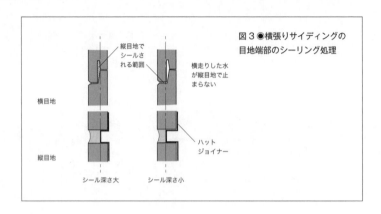

図3●横張りサイディングの目地端部のシーリング処理

捨て谷板部に流入した雨水が、ホコリで詰まった箇所からオーバーフローしてスレートの裏に回っていることが原因と考えられます。この劣化の機構を詳しく検討するための基礎的な実験として、図4のような、ケラバ側の野地板端部に、ケラバ水切りとスレートの間から浸入する雨水を受けるための集水といを設置した実大屋根模型を用いて、送風散水試験を行ったことがあります。

この実験では、雨水の移動状況を調べるため、屋根全面への散水は行わず、図4に示すように直径約40〜50cmの範囲の1カ所に、スポット状に散水を行って、ケラバの集水といに入った水量を調べ、これをケラバからの距離Lを変えながら繰り返しました。散水位置から36cm下までのといの集水量を見ると、ケラバのすぐ近くで散水した条件では、雨水は屋根材表面の端部から直接入り込むため、当然といの集水量は多くなりますが、Lが増して、ケラバとの間に雨が当たってない条件でも集水量が記録され、無風の条件ではLが80cmの位置で、風速8m/sで行った条件では94cmの位置で行った散水の一部が、といに流入していることが確認されました。

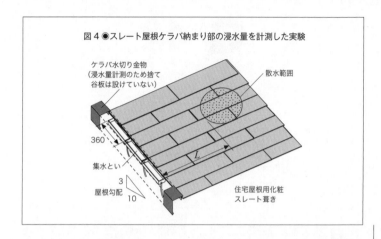

図4●スレート屋根ケラバ納まり部の浸水量を計測した実験

このことは、屋根面に降った雨水が真下に流れるだけではなく、流れに直角方向にも移動していることを意味します。流れの経路やメカニズムは必ずしも明確ではありませんが、スレートの重ね部の隙間には、毛細管現象である高さまで水が入り込みます。この水が横方向に帯状につながっているため、この部分が水みちになって、縦目地から入り込む雨水が移動していることが一因と考えられます。横方向に連続する水みちは、横葺き方式の金属板屋根のハゼ部にもあり、強風雨時にハゼを越えて雨水が浸入した場合に横走りして釘孔から雨漏りする危険性も指摘されています。また、瓦屋根で一文字軒瓦の先端を金属板葺きに連続させる、腰葺き（奴葺きともいう）でも、雨水の横走りが雨仕舞の注意点とされています。

雨仕舞で利用する雨水処理の原動力は、基本的に重力なので、重力の作用方向と直角に起きる雨水の横走りは雨仕舞の盲点の一つです。壁面や屋根面でこのような雨水の動きが起きることを忘れず、適切な対策を講ずることが必要です。

雨仕舞の納まり

Q 42

水抜きの
急所はどこ?

建物外皮の各部に入り込んだ雨水に対しては必ず出口を用意しなくてはなりません。外皮内で発生する結露水の出口も考える必要があります。水が溜まらないようにするだけではなく、水抜きは使い方次第では防雨対策の信頼性を高め、性能を向上させる有効な手段になります。ここではどこに、何のために水抜きを設けるかについて考えましょう。

まず、水が集まってくる場所に欠かせない水抜きがあります。陸屋根やルーフバルコニーは言うまでもありませんが、建物外皮の各部には、吹き込んだ水、入り込んだ水が流れにくく、溜まりがちになる箇所があります。屋根の軒先、外壁通気層の下端部、建具の下枠、他の部材が壁面に取り合う箇所などです。共通するのは水平の箱状、または溝状になっている点です。水が長時間排出されないとカビや腐朽、腐食の発生、部材の納まりによっては雨漏りにつながるので、水抜きを設けることが原則です。

恥ずかしい話ですが、20年以上前に、筆者の自宅で大雨の日に下屋の天井から雨漏りしたことがあり、雨の中、ずぶ濡れになりながら調べると、2階のベランダへ出入りする建具の下枠に雨

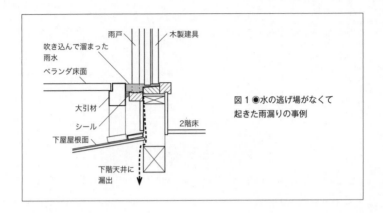

図1 ●水の逃げ場がなくて起きた雨漏りの事例

水が溜まっていました。

図1は、その時の状況を示しています。下屋の上にはリフォーム工事で交換した屋根置きタイプのベランダが設置されていましたが、屋根形状との関係でベランダの床面が出入り口の雨戸の敷居より高くなり、間に溝状の隙間ができていました。ベランダ工事の担当者は、大引材と雨戸の敷居の隙間を入念にシールしてくれたのですが、このため、吹き込んだ雨水が溜まってしまい、逃げ場がなくなって建具枠の取合いから漏れ出したことが原因でした。シールを破って水を排出すると雨漏りは納まり、その後は再発することはありませんでした。

次に、万一に備えて設ける水抜きがあります。四方を手すり壁と外壁で囲んだバルコニーでは、図2のように、ドレンとは別に、防水層の立上りの途中で、テラス戸の下枠よりは低い位置に、オーバーフロー管（溢水管）を設けることが推奨されています。この管はゴミや落ち葉によるドレン詰まりや、ドレンの容量を超える短時間集中豪雨が発生した際に、床面の水位の上昇を抑え、オーバーフローした水が室内や壁体内に流れ込むの

雨仕舞の納まり

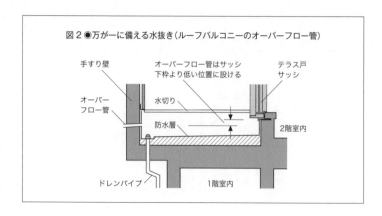

図2●万が一に備える水抜き(ルーフバルコニーのオーバーフロー管)

を防ぐ役割を担っています。この水抜きは普段は全く役に立つことはありませんが、非常時に働くサブシステムとして防水の信頼性を高めています。

　う一つ、水抜きが役立つ場所があります。雨水の浸入経路を中断する水抜きです。雨水が浸入してくる経路の途中に水を落とす空間をつくり、落とした水を抜いてやれば、それ以上先へ浸水が進まないようにすることができます。この考え方を雨対策に応用した例として、れんが造の外壁で多用されるキャビティ・ウォール cavity wall (中空壁) があります。

　図3はキャビティ・ウォールの断面図で、外層と内層の間の中空層 cavity が水を落とす場所です。最下部には外層れんが積みの縦目地を何カ所かおきに空目地にした水抜き孔 weep hole を設けます。れんが積みの構造はれんが自体が多孔性であることと、無数の目地に生じるひび割れのため雨水が浸透しやすく、中空層なしで密実に積む壁 solid wall が主流だった時代には当たり前だった壁からの雨漏りや湿潤が、キャビティ・ウォールの普及によって大幅に改善されたと言われています。

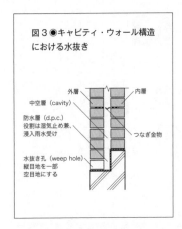
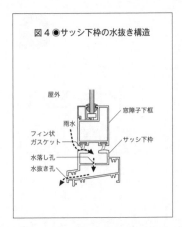

　図4は内開きや縦軸回転など、障子が室内側に開く形式のサッシの下枠部の断面です。障子と枠の隙間から浸入した雨水を下枠の中に落とし、下段の水抜き孔から排出するしくみになっています。これらの窓形式は下枠の立上りをとれないために、水頭差による水返しを利用することができませんが、この構造を採ることで、立上り部で発生しがちなしぶきの吹上げがなく、結果的に高い水密圧力差を実現しています。図3、図4の二つの例は、形は全く異なりますが、水抜きを防雨性能の向上に役立てている考え方は同じです。

　雨漏り診断の専門家によると、調査した雨漏り事故の中に、壁内の窓まわりや土台まわりに浸入した雨水の排出口がなかったため、長期間雨水が滞留し、木部の劣化を加速させている事例がしばしば見られるとのことです。小さな水抜き孔一つが被害の大小を左右することを肝に銘じたいものです。

雨仕舞の納まり

Q 43

水抜きパイプの高さは
逆流防止に役立つか？

　引き続き水抜きの話です。水を直接屋外に排出する水抜き孔に風圧が作用する時の、排水の支障としぶきの逆流については、「ex06：逆さまにしたペットボトルの口から水は出る？」で解説していますので、そちらも参考にしながら読んでください。

高層ビルでは上方の風当たりが強いので、ビル用カーテンウォールの技術開発が盛んだった頃、壁面の水抜き孔で強風時に発生する逆流の防止対策にいろいろなアイディアが生まれました。その中の一つに、図1に示すように、水抜き孔の位置を排水区画より下げ、パイプでつなぐ案がありました。パイプで水頭高さを確保することで、高い風圧が作用する条件でも排水が可能になると考えたのです。しかし、この案は結局うまくいきませんでした。

　パイプで確保される水頭の高さ H が排水に有効に働くためには、(a) のようにパイプ内がすべて水で満たされる必要があります。しかし、排水区画には、常にパイプ内を満たす量の水が流れ込んでくるわけではありません。パイプに流れ込む水が少量の場合は、(b) のように部分的な水柱しか形成されず、この水柱の水

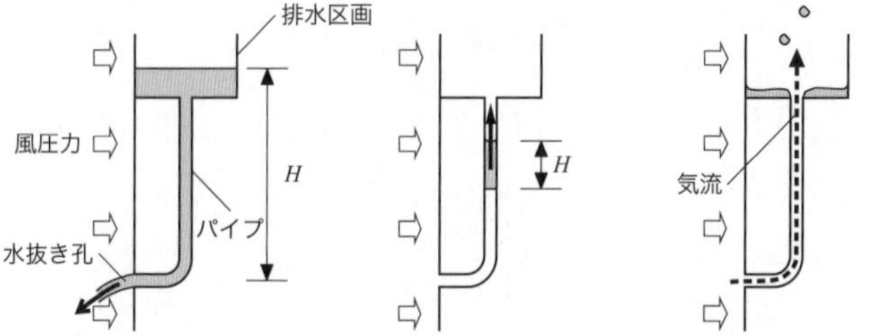

図1 ●パイプの高さは逆流防止に有効か？

(a) パイプが水で満たされるとチューブの高さが排水に有効に働く

(b) 少量の水では形成される水柱高さが小さく、容易に吹き上げられる

(c) 上昇気流があると流れ込んだ水はパイプに入らず、しぶきが飛ぶ

頭圧を上回る圧力差が作用すれば水柱自体が押し上げられ、逆流が起きるためです。あるいは、(c)のように、最初からパイプ内を強い気流が逆流している状態で、排水区画に水が流れ込んでくると、水はパイプには全く入らず、しぶきだけが飛散します。

風当たりが強く、雨がかりとなる位置に水抜き孔を設ける場合、どうしても逆流は起こります。サッシ枠用の水抜き部品で、フラップ状の弁を設け、強風時には弁が閉まって逆流を防ぐように考えたものがあります。実験ではうまく作動するようですが、長年使用するうちにホコリやコケの付着などで可動性がなくならないか気になります。

通気構法の外壁で、外付けサッシの上枠と外壁材の取合い部は、サッシの上枠が通気層を横切っています。上方の壁面から通気層に浸入し、内部を流下する雨水はこの上枠でせき止められるため、本来、土台水切りまわりと同様に水抜きを考えるべき部位ですが、サイディングとサッシ間のシール目地に設け

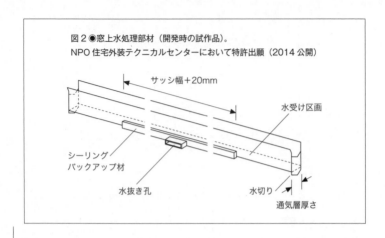

図2●窓上水処理部材（開発時の試作品）。
NPO住宅外装テクニカルセンターにおいて特許出願（2014公開）

た水抜き部材から雨水が逆流して枠まわりからの雨漏りした事例が報告され、水抜きを設けないほうがよいとの議論もあります。問題なのは、排水区画が水密化されていないために、逆流した水だけでなく、上方から流下してくる水がサッシ枠を伝わって横に移動し、防水紙の施工が不完全な箇所から浸水することです。

図2は筆者が関係した共同研究で開発した、窓上の水処理部材です。水受け区画と水抜き孔が一体化した構造で、通気層のサッシ上枠上に設置します。この水処理部材をサッシ上部に設置した外壁の試験体を圧力箱方式の水密試験装置に取り付け、通気層内部の注水パイプから水を流下させながら、外壁面に散水と脈動圧を作用させる実験を行いました（写真1）。

実験では、壁内外に差圧が作用する条件で、通気層内の流下水を下方のサッシ枠に回り込ませることなく、外部に排出できることが確認されています。実験に用いた試験体では水抜き孔に逆流止めのフラップ弁を設けましたが、水受け区画があるので、水の逆流があっても溢水を防げれば、弁の必要はありません。ただし、

写真1●窓上水処理部材の性能試験時の様子。試験体を取り付けた圧力箱の内部に散水と加圧を行って、強風雨の状態を再現する。試験体中央の開口部上部に水処理部材が、通気層内部に注水パイプが設置されている

水抜き孔の背後に有効なしぶき止めを設けることが必要です。しぶき止めは、排水を妨げない迷路構造で、かつ上方の障壁が水没しない高さに設けます。

「Q36：住宅で雨漏りしやすい部位は？」で紹介したように、住宅の雨漏り事故の発生箇所のうち、窓まわりは最も発生の割合が高い部位ですが、詳細な雨漏り診断によれば、原因となる雨水の浸入位置は、必ずしも漏水が起きた窓の付近ではなく、屋根と壁の取合いや上階の外壁面である場合が多いようです。図2のような部材を用いる以外にも方法は考えられると思いますが、壁内流下水を窓上で適切に処理することは、窓まわりの雨漏り事故を減らす上で効果が大きいと考えられます。

▲ 雨仕舞の納まり

Q 44

ヨーロッパの瓦屋根には
野地板がない？

ヨーロッパ全部がそうかは分かりませんが、筆者が知る限り、少なくともイギリスとドイツでは、瓦屋根は野地板を使わない構法が普通です。この構法では、たるきに下葺きフェルトを直接張り、その上に桟木を横方向に打って、これに瓦を固定します。たるきの間で少し垂れ下がったフェルトの上に桟木が並ぶ施工中の様子は、roof tiling などのキーワードで画像検索すると見ることができます。野地板を使う構法もありますが、イギリスの住宅工事仕様書によると、スコットランドなど、気象条件が厳しい地域向けの仕様とされています。

日本では、たるきの上に野地板を張ってから、瓦を葺くのが一般的ですが、野地板を使わない構法の存在を知ると、そもそも、野地板は何のためにあるのか疑問がわきます。日本の伝統的な瓦葺き構法は土葺きです。土葺きは野地面に載せた土で瓦を固定する方法で、瓦の傾きの微妙な調節ができるため、焼成時のねじれくせが大きかった往時の瓦を組み合わせ、全体として凹凸の少ない屋根面に仕上げるには不可欠なやり方でした。葺き土は、長時間のうちには風化して固定力を失うため、1923（大正12）年の

関東大震災以来たびたびの大地震で瓦が落下し、土葺きの耐震性の欠如が指摘されて、土を用いない引掛け葺き（空葺き）が奨励されてきました。しかし、筆者らの調査によれば、土葺きは関西地方では1995（平成7）年の阪神淡路大震災の直前まで、かなりの比率で採用されていたようです。

土葺きは耐震性の問題を除くと、瓦を釘で留め付けないので釘孔からの浸水がなく、また葺き土に透湿性があるため、野地板の傷みが少なく、耐久性に優れる利点がありました。現在の瓦は製法の進歩によって行儀が良くなり、土葺きによらなくても凹凸の少ない屋根面を得ることが可能になりました。透湿性が少ない合板野地板やアスファルトルーフィングの下葺きが使われるようになり、それに加えて、近年、耐風性を高めるためにすべての瓦を、野地板を貫通する長さの釘で緊結する工事方法が普及したため、釘孔からの浸水と結露が原因で、比較的早期に野地板が劣化するようになったことが指摘されています。

イギリスやドイツ流の野地板を使わない構法では、そもそも劣化が問題になっている野地板自体がなく、また、たるき位置以外では下葺き材に釘が貫通することもないため、防水面でも利点があります。そこで、日頃から野地板の劣化に関心を持っていた屋根工事関連の研究グループで、野地なし構法による屋根の施工実験を行ったことがあります（写真1）。

この実験には、ドイツで屋根工事のマイスター資格を取得した異色の日本人屋根職人I氏も参加し、実技指導を受けることができました。ドイツでは、下葺き材をたるきに留め付けた後、たるき心に流し桟木を打ち付け、その上に瓦桟木を横方向に並べていく工法が一般のようです。この工事方法に慣れたI氏は、たるきの間がルーフィング1枚の屋根下地の上を平気で歩き回っていま

　雨仕舞の納まり

写真1●
野地なし構法の施工実験風景

(a) たるき上を歩行する
屋根上作業

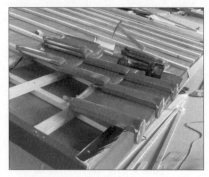

(b) 瓦留付け釘は下葺き材を
貫通しない

したが、慣れない日本の職人にとっては、相当なベテランでも恐怖心が先立ち、すぐには無理のようでした。また、野地板がない場合、それに代わって屋根面内の剛性を確保する部材が必要ですが、日本では普及していないので、実地への導入は時期尚早と思われました。

しかし、この実験から分かったこともあります。たとえば外張り断熱の屋根工事では、補助たるきの上に二重の野地板を設けるのが一般ですが、この場合は施工安全や剛性の問題はないので、野地なし構法の適用が可能であり、コストを抑えると共に防水面や耐久面の特色を活かすことができます。

Q 45

半端瓦ってなに？

半端瓦の説明に入る前に、瓦の重ね方について確認しましょう。

図1はJ形瓦（桟瓦、和瓦とも呼ばれる）の重ね方を示しています。

J形瓦は上から見ると、左上と右下の隅が切り欠いた形になっています。雨が入り込まないように、瓦②と瓦③を瓦①に重ねますが、この時、互いの隅の切欠き部を組み合わせることによって重ねた部分が同一面に納まります。これにより瓦④が、瓦②と瓦③の両方に、段差を生じることなく重なることができます。

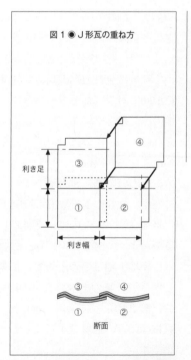

図1 ● J形瓦の重ね方

雨仕舞の納まり

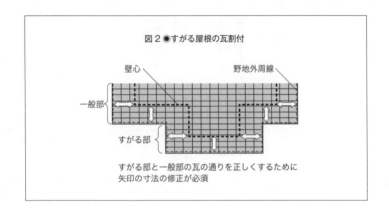

図2●すがる屋根の瓦割付

すがる部と一般部の瓦の通りを正しくするために矢印の寸法の修正が必須

4枚の瓦の隅が集まるところは瓦3枚分の厚みになるので、3枚重ねとも呼ばれ、一番雨が吹き込みやすい箇所とされています。

　瓦を葺いた状態で、上の瓦が重なる部分を除いて、表面に出ている部分の流れ方向の長さが利き足、幅方向の長さが利き幅です。野地面に対して瓦をきっちり割り付けるためには、基本的には野地の流れ長さや幅を、利き足、利き幅の整数倍とすればよいことになります。正確には、軒先の瓦、ケラバ側の両袖の瓦は、平部の瓦と寸法が異なり、野地の端から一定の出寸法をとって葺くため、その分の補正が必要です。

　通常、建物の基本設計の段階では、軒の出やケラバの出を含めた野地寸法は、瓦の割付を考慮したものになっていません。瓦葺きで流れ方向や幅方向の瓦枚数を端数が出ないように納めるには、屋根下地工事の段階で、工事監理者と瓦工事の担当者が打合せを行い、軒の出やケラバの出寸法を修正する必要があります。特に図2のように、軒の線に出入りがある「すがる屋根」では、屋根面の瓦の通りを正しくするため、すがる部の野地の修正は必須です。

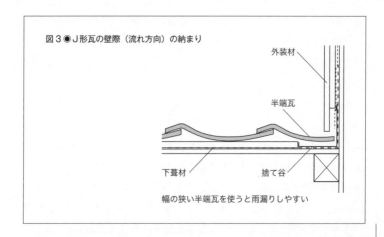

図3●J形瓦の壁際（流れ方向）の納まり

外装材
半端瓦
下葺材
捨て谷

幅の狭い半端瓦を使うと雨漏りしやすい

　しかし、屋根下地が工場で製作されたパネルの場合は、必ずしも軒の出やケラバの出の修正が可能ではありません。また、下屋の屋根では、上階の壁面位置は瓦の割付位置と一致しないため、野地の端からの寸法が瓦の利き寸法で割り切れません。このため、どうしても棟際や壁際に切断した瓦を用いる場合が出てきます。この切断した瓦を半端瓦と呼びます。

　半端瓦を用いた屋根工事でしばしば問題になるのが棟部の瓦積みの地震被害です。半端瓦は瓦緊結用の釘孔の部分が切除されているので、現場で釘孔をあけ直す必要があります。多数の瓦に孔あけ加工を行うのは手間がかかるため、往々にして孔のない半端瓦を棟際に施工し、その上に棟積みが行われてきました。このような工事が行われた屋根で、緊結されていない半端瓦が強い揺れで抜け落ち、支えを失った棟積みの瓦が落下する被害例は、過去の大地震で数多く確認されています。

　ところで、半端瓦が雨仕舞にどんな関係があるのかについての話がまだでした。半端瓦の使い方が雨仕舞に関係す

雨仕舞の納まり

る問題の一つは、瓦の利き寸法の整数倍で割り付けた寸法に対して野地寸法がわずかに大きい場合に、半端瓦を用いないで済むように、無理に利き足や利き幅を伸ばして葺くことで、これは雨漏りにつながるため、絶対に避けるべきこととされています。

　もう一つの問題は、図3に示すように、流れ方向の壁際に半端瓦がくる場合で、J形瓦のように中央が凹んだ形の瓦の場合、幅が狭い半端瓦では、瓦面の雨水が壁に向かって流れるため、雨漏りの危険が増します。ちなみに、流れ方向の壁際納まりでは、瓦葺きに限らず、葺き材端部から浸入した雨水を処理するため、壁際に沿って、L字形の板金部材を葺き材と下葺き材の間に設置します。この部材は捨て谷、捨て板と呼ばれます。屋根の雨仕舞の定石の一つです。

Q 46

勝手瓦ってなに？

瓦という、厚くて重く、曲げることもできず、決して精度が高いとは言えない部材を、数ミリの隙間を残しながら組み合わせ、屋根面に降る雨の大半を処理する瓦屋根は、まさに雨仕舞のお手本です。瓦の形状、葺き重ね方、各部の納まりのすべてが雨水の動きにかかわっています。

「Q02：雨仕舞は匠の秘伝？」で、瓦屋根工事の雨漏り防止についての重要な注意事項の一つに、勝手瓦の葺き方があることに触れました。寄棟屋根や入母屋屋根、方形屋根などには、屋根伏せ図で斜め方向に走る、隅棟があります（→ Q35：雨漏りしやすい屋根の形は？）。図1に示すように、隅棟の際では四角い瓦をそのまま使うことができないので、現場で斜めに切断して使うことになります。この斜めに切断した瓦が勝手瓦です。地域によっては、うろこ瓦とも呼ぶようです。

瓦は正方形ではなく、また屋根伏せ図上の瓦の縦横比は屋根勾配でも変わります。そのため、隅棟の方向が45°でも、勝手瓦は正三角形にはならず、また、図1のように、必ず大小ができます。雨仕舞上問題があるのは、J形瓦のように、谷のある瓦の場合で

雨仕舞の納まり

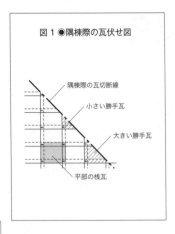

図1●隅棟際の瓦伏せ図

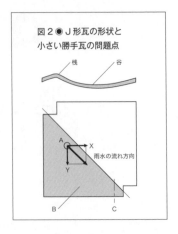

図2●J形瓦の形状と小さい勝手瓦の問題点

す。図2で屋根に葺かれた状態の1枚のJ形瓦の上の雨水の流れを考えてみましょう。A点にある雨水は、瓦の流れ方向（Y方向）と、瓦面内の横方向の傾き（X方向）の合成方向に流れます。切断辺が右の隅棟に沿うように使われる小さい勝手瓦（Bの形状）では、桟の部分が棟積みの瓦（丸瓦、のし瓦など）の直下になるため、棟の瓦から雨水が伝わります。この雨水は勝手瓦の表面と裏側を伝わり、右下隅に達すると、平部の瓦のように下に受ける瓦がないので端部から滴下します。

この端部が、直下の段にある、大きな勝手瓦の切断辺より隅棟側にはみ出していると、滴下した水が野地面に落ちることになり、雨漏りの原因になります。これが、Q02で引用した「右隅の勝手瓦において、下部の瓦より大きな小勝手を入れてはいけない」という文章が言わんとすることです。正しい工事においては、小さい勝手瓦に棟の瓦が接触しないように葺くと共に、瓦の右端部をCの位置で切り落とし、下に受けのない端部まで雨水が伝わらないようにします。瓦の雨仕舞は実に奥が深いです。

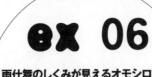

ex 06

雨仕舞のしくみが見えるオモシロ実験

逆さまにした ペットボトルの口から 水は出る?

◉準備するもの◉

★ 500mlサイズのペットボトル

★ 孔あき硬貨（5円または50円）

★ ガムテープ　★ ハサミかカッター　★ 水

◉実験の手順◉

流し台の上など、水がこぼれても大丈夫な場所で行ってください。

★実験Ⅰ

① ペットボトルに水を約300ml入れる。

② 指で口を塞ぎ、逆さまにする。

③ 指を離し、水の排出の有無、排出の状況を観察する。

★実験Ⅱ

④ 実験Ⅰと同様にペットボトルに水を入れてから、口の上に硬貨を乗せ、硬貨の孔を塞がないようにガムテープで固定する。（図1のように、あらかじめテープに少し大きめの孔をあけておくと簡単）。

⑤ 実験Ⅰの②③を繰り返す。

　雨仕舞の納まり

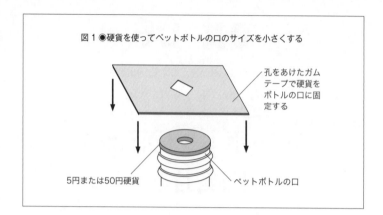

図1●硬貨を使ってペットボトルの口のサイズを小さくする

孔をあけたガムテープで硬貨をボトルの口に固定する

5円または50円硬貨　　ペットボトルの口

◉解　説◉

　水抜き孔の排水と逆流の原理について確認する実験です。一般的な口のサイズのボトルの場合、実験Ⅰでは水が出てしまいますが、水道の蛇口から出る時のように、糸を引いたような状態ではなく、ボトルの中でゴボゴボ泡立ちながら断続的に出ます。この時のボトルの中の水と空気の状態を考えてみましょう。

　図2に示すように、水が出る際に、ボトルの中では水面より上の空気の圧力 P_b が大気圧 P_a より下がります。この差圧、$P_a - P_b$ がボトルの中にある水の水頭圧と釣り合うと、いったん排出は止まります。しかし、ボトルの口のサイズは、そのままでは表面張力で水膜が張らない大きさなので、水に気泡が入り込みます。この空気が水面上に達すると圧力 P_b は上がり、このため差圧より水頭圧のほうが大きくなるので、再び水の排出が始まります。排出により P_b が下がるとまたいったん排出が止まり、この繰り返しで最後まで水が出ます。これがゴボゴボの正体です。

　一方、ボトルの口に孔あき硬貨を張り付けて行った実験Ⅱでは、指を離した直後に少しだけ水が出ますが、その後は全く排出され

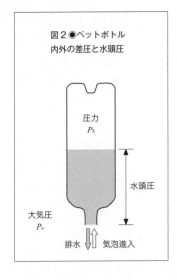

図2●ペットボトル内外の差圧と水頭圧

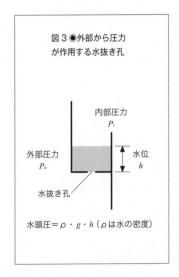

図3●外部から圧力が作用する水抜き孔

水頭圧＝$\rho \cdot g \cdot h$（ρは水の密度）

ません。これは、孔のサイズが表面張力で水膜が張るのに十分小さいので、泡が入り込まず、内外の空気の差圧と、水頭圧の釣り合いが保たれるためです。

●雨仕舞との関連●

水抜き孔の働きについては、本文の「Q42：水抜きの急所はどこ？」「Q43：水抜きパイプの高さは逆流防止に役立つか？」で扱っています。外部に面した水抜き孔が設けられた排水区画に水が溜まり、強風時に水抜き孔の位置に外部側から圧力が作用する状況（図3）を考えてみましょう。排水区画は一般に密閉空間ではないので、排出により、水面上の圧力P_iが低下することはありませんが、外部圧P_oがP_iより高く、差圧$P_o - P_i$が水頭圧と等しいか、水頭圧より大きいと、ペットボトルの実験と同じ状況になります。

つまり、水抜き孔が硬貨の孔のサイズ程度に小さい場合には排

出されず、水膜が張らないサイズだと排出されます。いずれの場合も差圧 $P_o - P_i$ が水頭圧より大きいと、水抜き孔から気泡が入り込み、水面を乱します。小さい孔の場合、全く排出されなければ問題ですが、風の圧力は変動するので、差圧が低下した時間に排出が行われます。高い差圧が常時作用するような状況さえなければ問題はありません。

　一方、大きい孔では排出は速いのですが、気泡の圧入による水面の乱れは小さい孔に比べて大きく、排水区画内に激しくしぶきが飛ぶ状態になるため、注意が必要です。対策は、水面より上に適切なしぶき止めを設けることです。

雨に強い家づくり
あめにつよいいえづくり

Q 47

水に強くなっている?
日本の住宅

　近頃は、シーリング材、各種の防水シートや防水テープなど、住宅用の防水材料も進歩し、湿気に対しても、可変透湿気密シートなど、機能性の材料も使用されるようになっています。それでは、日本の住宅は雨水や結露に対してより安全なものになってきたのでしょうか?

　日本の木造建築が耐久性に優れていたことは、現存する世界最古の木造建築、法隆寺が証明しています。住宅でも江戸期に建てられた古民家がまだ各地に残っています。日本の各地に、市町村が定めた伝統的建造物群保存地区がありますが、このような場所で見かけるのは、**写真1**のような外観の住宅です。このように木造の軸組が外部に露出した形式の住宅は、大正期頃まで建てられていたようです。正しい建築学用語ではないかもしれませんが、ここではこのような住宅様式を伝統真壁形式と呼んでおきます。

　構造の特徴を挙げると、真壁構造、大断面の垂直材と水平材で構成される軸組、柱がじかに礎石に建つ石端建て、植物(木、草、紙)と土(壁土、しっくい、瓦)が主体の外装、壁から大きく張

写真1●伝統真壁形式の住宅のまちなみ
（江戸から明治期の建築、大阪府富田林市）

写真2●在来大壁形式の住宅の例
（推定昭和末期の建築、神奈川県相模原市）

り出した軒などです。冷暖房という概念は全くなく、基本的に室内は外気と同じ環境でした。寒い時には室内でいろりや火鉢で暖を採ります。締め切った室内で盛大に炭火をおこしても一酸化炭素中毒にならなかったのですから、いかに当時の住宅は風通しが良かったかが分かります。

昭和中期頃から都市住宅の防火改修が契機となり、木造軸組をモルタルなどの外装で覆った大壁造の住宅が都市部から普及し始め、昭和中期以降は全国に広まりました。その頃に開発された市街地でよく見かける、**写真2**のような外観の住宅は、平成初期まで建てられてきたもので、ここでは在来大壁形式と呼んでおきます。

構造の特徴は、大壁構造、筋かいによる耐力壁、布基礎、根太組の床、モルタル・金属・ガラスなどの耐水性材料の外装などです。外装の耐水化に伴って、軒の出は小さくなりましたが、それでも最低45cmくらいあるのが普通でした。サッシは内付けで壁面より後退し、多くの場合、窓上に霧除け庇が設けられています。この時代の住宅では、北海道など一部の地域を除くと気密化や断熱は遅れていました。これは灯油ストーブやルームエアコンなどの暖冷房機器が普及し始めたのが1960（昭和35）年以降だった

雨に強い家づくり

写真3●最近の形式の住宅の例
（神奈川県相模原市、2016年建築）

ことからも分かります。

21世紀に入り、品確法（住宅の品質確保の促進等に関する法律）で住宅性能表示制度が導入され、また、狭小な敷地に適合する住宅が求められるようになったことに伴って、木造住宅の構造や形態は急速に変わり始めました。**写真3**のような外観の住宅はその一例です。これまでのスタイルとは、大きく様変わりしています。このような新しい住宅形式を、ここでは最近の形式と呼ぶことにします。

構造の特徴を要約すると、大壁構造であることは変わりありませんが、構造用合板などを軸組に張り上げた面材耐力壁に代わっています。基礎はべた基礎になり、根太を用いずに大引きや梁にじかに厚合板を張る、根太レス床の採用が一般的になっています。バルコニー、陸屋根やその手すり壁、パラペットなど、建物本体と一体化した屋外水平部位があるのが当たり前になる一方、軒の出は極めて小さくなり、開口部には庇なしで外壁とほぼ同一面に

サッシが取り付いています。3階建ても増えています。建物の高気密化も、常時機械換気が必要とされるまで進み、ゼロエネルギーを目指して断熱も著しく強化されています。

以上に述べてきた住宅の構造や形態の変化は、建物の耐久性に大きく関連しています。表1は、それぞれの住宅の構造・形態の特徴について、雨水や湿気の挙動に関して持つ意味合いや、その影響による劣化リスクの大小、メンテナンスの必要度合いなどの観点から、耐久性上の利害を要約したものです。

表から読み取れるように、伝統真壁形式の住宅は、深い軒の出で雨がかりから保護された躯体木部が外気に露出し、床下も外気に開放され、木部が乾燥しやすい条件にありました。また、劣化箇所の発見が容易でメンテナンスしやすい構造と言えます。室内は外気と同じ環境であったので、結露も起こりようがありません。耐久上問題となる点は少なく、隙間風だらけで特に冬の居住性は最悪でしたが、引換えに高い耐久性が実現されていたと言えます。

在来大壁形式になると、真壁の持っていた耐久性上のメリットは失われ、またモルタル外装特有のひび割れの発生に加え、軒の出が減少した分、雨がかりが増して浸水や劣化のリスクは増大します。この点ではマイナスが増えましたが、内付けサッシでは枠の裏に雨水が回ることが少なく、かつ庇で窓まわりが雨から保護されたこと、外皮内部の空間が、床下から壁内、天井裏まで連通した構造であったため、内部に発生した水分の乾燥が容易であったこと、湿気の移動を妨げる面材がなかったこと、外皮内の断熱が低水準で温度差が小さく、かつ放湿のための気積が十分あったために、内部結露のリスクが低く、湿潤した木部の乾燥が促進されたことなどがプラスに働き、マイナス点を差し引いても、水分による早期劣化が抑制されていたと言えます。

雨に強い家づくり

表1◉住宅の構造・形態と耐久性のかかわり

形式	構造・形態の特徴	耐久性との関連	耐久上の＋、－	
伝統真壁形式	真壁	軸組材が露出	＋	濡れてもすぐ乾燥、劣化を早期発見
	軸構造と大断面材	構造部材の交換・部分的更新が容易		構造体の修繕による長期使用が容易
	石端建て	床下空間の外気連通		建物脚部の乾燥維持
	深い軒	外部の雨がかり少		外装材の濡れによる劣化を軽減
	隙間風と無暖房	内外の温度差がない		結露リスクなし
在来大壁形式	大壁	軸組部材が非露出	－	真壁の耐久性上のメリットが失われた
	軒の出の減少	雨がかり増加		壁面からの浸水リスク増加
	モルタル外装	ひび割れの多発		
	内付けサッシと庇	窓枠の裏に雨水が回りにくい	＋	窓まわりの浸水リスク低
	外皮内部が連通	外皮内空気の移動が容易		外皮内水分の乾燥が容易
	筋かい耐力壁	面材に比べ透湿が容易		結露リスク小
	無断熱・低断熱	内外温度差小 外皮内気積が大きく放湿が容易		木部の乾燥促進
最近の形式	軒の出極小	壁面の常時雨がかり 屋根－外壁取合い部の露出	－	浸水リスク増大
	ルーフバルコニー・陸屋根	防水工事への依存度増大		不完全施工による浸水リスク増大
				メンテナンス頻度増
		水平面への浸入水の滞留		下地木部の長期湿潤リスク
	剛床構造 気流止め設置	床下・壁内・天井内空間が独立		外皮内水分の滞留が起きやすい
	面材耐力壁	透湿抵抗増大		結露リスク増大
	高断熱	内外温度差増大 外皮内気積が小さく放湿が困難		木部の乾燥阻害

写真4●モルタル外壁の解体調査事例（東京都小金井市、1969年建築、2009年調査）

写真4は、築40年のラスモルタル塗り大壁構造の木造住宅の解体時に、内装を撤去した後の外壁内部の様子です。モルタルには多数のひび割れが発生し、防水紙も破断していました。調査時に外壁面への散水試験を実施したところ、内部への浸水も確認されています。ラス下地板には浸水痕と見られる変色した部分がありましたが、腐朽はなく、健全でした。柱にも一切劣化は生じていません。この住宅の外皮構造は、まさに上に述べたようなものでしたので、浸水が生じていたにもかかわらず、劣化が抑制されたと考えられます。

最近の形式の特徴の一つである軒の出の極小化は、屋根と外壁の取合い部、あるいは下方の外壁面からの浸水リスクを著しく高めています。これについては「Q32：軒0（のきゼロ）、どこが問題？」で詳しく述べています。バルコニーなど、屋外水平部位の一般化は、高い施工技術と頻繁なメンテナンスが求められる防水工事への依存度を高めると共に、浸入雨水の滞留による下地木部の長期湿潤のリスクを高めています。剛床構造の採用、省エネルギーのための気流止め構造により、床下、壁内、天井裏の各空間は独立し、外皮内で水分の滞留が起きやすくなっています。透

☂ 雨に強い家づくり

写真5●外壁内部劣化事例（埼玉県、2×4工法3階建て、2004年竣工、2009年調査）

湿抵抗の高い面材の使用、高断熱化による外皮内温度差の増大と放湿に必要な気積の減少で内部結露のリスクが増大し、湿潤した木部の乾燥が阻害されやすくなったことも、躯体木部の早期劣化リスクを高めることにつながっています。従前の住宅に比べて構造性能や居住性能が向上したことは確かですが、耐久性に関してはマイナス点ばかりと言わざるを得ません。

写真5は枠組壁（2×4）工法の3階建て木造住宅で、建築後5年半という、著しく早期に確認された躯体の劣化事例です。竣工は2004年ですから最近の形式です。写真は外装材（ラスモルタル直張り工法にセラミックタイル接着張り仕上げ）を解体した状態ですが、躯体の枠組材が腐朽しています。

原因は外装材のひび割れ部からの雨水浸入と考えられています。そのほかにも至るところで外壁の構造用面材の合板が真っ黒に変色し、全断面が欠損して大きな孔があいている状態でした。浸入雨水を発生源とする結露が発生していた可能性があります。

被害箇所の上部は陸屋根でパラペット納めになっており、常時雨がかりする状態でした。密閉度の高い外皮内空間にいったん水分が浸入すると、極めて高い劣化リスクとなることを示す事例です。

以上をまとめると、伝統的あるいは在来の木造住宅は、居住性や構造性能の低さと引替えに高い耐久性が実現されていましたが、最近の木造住宅の構造・形態は、性能的には高度化した反面、劣化防止に関しては事故的な浸水に対する許容度が極めて小さくなっていると言えます。各種性能の向上と、耐久性の保持をどのように両立させるかは、これからの大きな課題ですが、まずは最近の住宅構造・形態の変化がはらむ耐久性上のリスクを正しく認識することが重要ではないでしょうか。

　実は、構造や形態の変化のほかに、近年の木造住宅の施工面での変化でもたらされた、水分にかかわる問題があります。それは、工事中の雨がかりによる木部の初期含水です。わが国で伝統的に採用されてきた軸組構法の木造住宅では、躯体の建て方は床組より小屋組を先行し、雨が降らないうちに屋根の野地板とルーフィングの施工まで完了させるのを常としてきました。このため、その後の工事期間における降雨による躯体の雨がかりは最小限に抑えられていました。

枠組壁（2×4）工法は北米生まれで、昭和40年代に日本に導入されたものですが、躯体を1階の床から順次積み上げ、屋根が最後の工程になるこの工法では、工事中の躯体木部の雨がかりは避けられません。また、軸組構法の住宅でも、面材の使用が普通になり、建物本体と一体のバルコニーの普及や、軒の出が小さくなったことにより、躯体工事中の雨がかりが常態化している感があります。

最近の実験住宅による検証で、躯体工事中に生じた1回の雨が

☂　**雨に強い家づくり**

かりで湿潤した木部が、その後の仕上げ工事により通気が不完全で水分の逃げ場がない状態に置かれた場合、その周辺が2年間にわたってほぼ湿度100%に保たれ、木部の腐朽条件となり得る高含水状態が継続することが判明しています。

特に問題なのは仕口部や面材の突付け目地部です。これらの部分が雨がかりすると、雨水は毛細管作用によって仕口や目地の隙間に容易に引き込まれ、材の木口から吸収されます。木口面の吸水速度は側面の数倍大きいため、仕口や目地に沿って局部的に高含水の領域ができます。この水分は密着した面から放散を妨げられるため乾燥が遅れ、高含水の状態が維持されやすくなります。雨がかりによる材料の吸水や、雨量が及ぼす影響については、「Q17：雨量1mmは水量でどのくらい？」「Q18：雨水が壁に浸み込む速さは雨が強いほど大きい？」を参照してください。

今、木材資源の活用やCO_2削減の観点から、中規模建築の木造化が進められようとしていますが、建物が大型化するほど雨養生は難しくなるので、工事中の雨がかり対策は今後クリアしていかなければならない重要な課題と言えます。

Q 48

RC造とどこがちがう？木造の雨対策の基本

最近市街地で見かける新築木造住宅のデザインには、壁との取合いをパラペットで納めた屋根、途中に庇もなく、上から下までフラットに続く壁面、外壁と一体のルーフバルコニーなど、RC造と見間違えるようなものがあります。しかし、外皮からの雨水浸入やその影響に関して、RC造と木造では大きな差があります。表1は、雨漏り・水分劣化とのかかわりにおいて、RC造と木造の躯体の特性を対比してみたものです。

まず、RC造に比べて変形がはるかに大きい木造は、下地の挙動に伴う疲労破壊の問題を抱える防水材を施工するのに基本的に不向きな条件となります。

次にRC造の外皮は面内に連続した数種の部材で層状に構成され、層間の接合は主に付着によっていて、セパレータを除くと貫通部材はありません。これに対して木造の外皮は多種多様な部材で構成され、緊結に無数の釘やビスが使われます。これらの部材の接合箇所や緊結材の貫通箇所は、すべて潜在的な雨水の浸入や透過を許す間隙になります。部材間の継ぎ目や段差、釘頭等は、防水下地として見た場合にも問題になります。

☂ 雨に強い家づくり

表1●雨漏り・水分劣化にかかわる躯体の特性の比較

低リスクの要因 ▬

高リスクの要因 ▬

対比項目	RC造	木造
躯体の挙動	小	大
	防水下地として安定 防水の長期信頼性が高い	防水下地として不安定 防水層の破断が起きやすい
外皮の構成	数種の層状連続部材で構成 層間は付着により接合	多種多様な部材で構成 多数の緊結部材が層を貫通
	接合箇所（＝隙間）が少ない 貫通部材による水みちが少ない	接合箇所（＝隙間）が多い 貫通部材による水みちが多い
水分の影響	コンクリートは水硬性で 湿潤だけでは劣化しない	木部の生物劣化環境形成
	湿潤による躯体劣化リスク小	湿潤による躯体劣化リスク大
その他	コンクリート、モルタル共にひび割れが起きやすい	
	漏水原因箇所となるが、発見と補修は比較的容易	

　また、コンクリートは元来水硬性で、単なる湿潤により劣化することはありませんが、木材では水分は躯体の生物劣化をもたらす要因になり、木造は、RC造に比べて湿潤による躯体の劣化リスクが著しく高いと言えます。

　雨水浸入に関連して、RC造と木造に共通する問題点として、コンクリートと外装仕上げモルタルのひび割れがあります。ひび割れが発生した場合の浸水リスクはどちらも同じですが、RC造

の場合には浸入した雨水が室内に滴下したり、内装材を汚損したりすることはあってもコンクリート自体が劣化することはありません。経年して中性化が進んだ状態では、ひび割れから浸入した雨水が鉄筋を腐食させ、劣化の原因になりますが、その進行速度は比較的ゆるやかです。これに対してモルタル外壁ではひび割れから浸入した雨水は、防水紙の欠陥部を経由して下地や躯体の木部を湿潤させ、通気が不十分な条件では早期劣化を招く恐れがあります。こうしてみると、雨水浸入に伴う躯体の劣化リスクは、全体的に木造のほうがRC造に比べてはるかに高いと言えます。

　木造住宅の雨対策は、このような構造固有のリスクを認識することが出発点になります。表1に示した木造躯体の特性、すなわち、挙動が大きい、外皮の構成が複雑、素材として水分に弱いの三つを出発点として、木造住宅の雨対策の基本はどうあるべきか、その筋道を示したのが図1です。

　まず、躯体の挙動が大きい特性と、外皮の構成が複雑であるという特性から、防水材への過度の依存を避け、雨水が入り込む隙間の存在を前提として対策を考える必要が、また、素材が水分に弱いという特性から、極力水分を滞留させない部位形態と構造にする必要があります。このためには、隙間が残っても雨漏りさせない工夫、雨水を隙間から極力遠ざける工夫が不可欠であり、雨対策の方向性は必然的に雨仕舞に重点を置くものになります。また、外皮内にある程度の浸水が発生することを前提として対策を考えることが必須であり、部材に吸収された水分の乾燥を促すために外皮内に空間を確保すると共に、この空間の外気との通気措置を講ずることが不可欠になります。

　図1の中の「隙間が残っても雨漏りさせない工夫」「隙間から雨水を遠ざける工夫」について、それぞれ、これまでの話に出て

☂　雨に強い家づくり

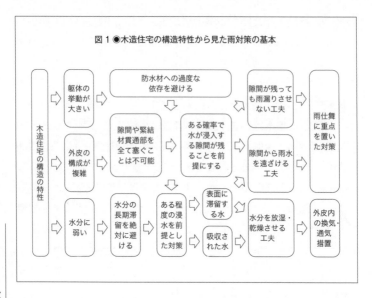

図1●木造住宅の構造特性から見た雨対策の基本

きたポイントを、おさらいの意味で**表2**と**表3**に要約してみました。各項目に関連のあるQの番号を併記しましたので、参考にしてください。

最近、これまでRC造やS造の建築を中心に手掛けていた設計者が、経験の少ない木造住宅の設計を担当することが増え、木造建築の特性についての理解が不十分なためにトラブルを引き起こす例が少なくないと聞きます。木材利用促進のために進められている公共建築物の木造化や、木造中高層建設技術の開発においても、設計において木造の特性を踏まえた適切な雨対策が取り入れられるかは気になるところです。折角の木造建築の復権の波が、耐久性の問題で立ち消えにならないよう願いたいものです。

表2 ● 隙間が残っても雨漏りさせない工夫

隙間内の雨水移動の要因	対策と手法		関連するQ
慣性による通過	隙間を迷路構造にする	迷路構造	Q08
重力による流入	隙間の内側を外より高くして水を返す	立上り	Q40
濡れ付着による回り込み	隙間の手前で水を切る	水切り	Q37 Q38
毛細管現象による吸込み	隙間の途中に空間を設けて毛細管を中断する	空間	Q04 Q09
圧力差による隙間の水の押込み	隙間の入り口と出口の間に十分な水頭高さを取る	水頭高さ	Q39
透過気流による吹込み、吹上げ	雨水で濡れない位置を気密化し、隙間内を等圧化する	圧力 P_o 気密化 $P_c ≒ P_o$	Q08 Q11 Q12

☂ 雨に強い家づくり

表3 ●隙間から雨水を遠ざける工夫

考慮すべき雨水	必要な対策	具体的な手法	関連するQ
壁面に当たる雨滴	濡れ頻度を減らす	軒の出を大きくする	Q21 Q24 Q32 Q33 Q34
	濡れる範囲を限定する	軒下壁面高さを抑える	
	特定の範囲に当てない	上部に庇を設ける	
壁面を流下する雨水	流下量を減らす	中間に庇や水切りを付ける	Q29 Q37 Q38
	回り込みを防ぐ	開口部上部に水切りを付ける	
		窓面を後退させる	
地面、床面等で跳ね返る雨水	壁の足元に落とさない	軒の出を大きくする	Q25
		軒どいを付ける	
	飛沫を届かせない	基礎高を大きくする	
	跳ね返りを抑える	地面、床面を跳ね返りにくい素材、形状にする	
水平部位の表面に滞留する雨水	速やかに流出させる	有効な排水勾配を設ける	Q31 Q42
	オーバーフローさせない	ドレンに水抜きパイプを併用する	
外皮内部に浸入した雨水	斜め走り、横走りさせない	捨て谷、捨て板を設ける	Q06 Q13 Q28 Q41 Q42 Q43 Q45 Q46
		水みち端部を塞ぐ	
	せき止めない、滞留させない	連続した排出経路を確保する	
		水の出口（水抜き）を確保する	
		水平部位ではくぼみをつくらない	
	滞留水を下に落とさない	水受け区画をつくり、水抜きを付ける	
	内部で拡散させない	導水を活用する	

Q 49

雨漏りは
なぜなくならない？

木造住宅の雨漏り瑕疵をめぐる紛争処理のお手伝いをして、事故を起こした住宅の設計や工事仕様を調べると、単なる工事ミスと言うよりは、根本的に雨水浸入や劣化の発生にかかわる、木造住宅固有のリスクの認識や対策の欠如を感じることが少なくありません。

住宅工事に伴う不具合事象の発生件数で、雨漏りはひび割れと並んで常に最上位にあります。図1は、住宅リフォーム・紛争処理支援センターに寄せられた、住宅の不具合に関する相談の不具合事象別割合を示していますが、雨漏りの割合は12％前後で、順位はひび割れに次いで2位、この傾向は13年間全く変わっていません。

図2は、雨漏りについて相談した住宅の築後年数を調べた結果ですが、問題化するのは築後10年以内が大半で、原因は経年劣化より工事自体にあると考えられます。

自動車やパソコンは、住宅に比べればよほど歴史は新しいものですが、開発初期に比べれば、故障は格段に減り、信頼性が高くなっています。人間が地上に住宅を建て始めてから何千年も経つ

☂ 雨に強い家づくり

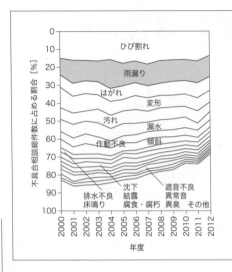

図1●住宅の不具合事象に占める雨漏りの割合
戸建て住宅、共同住宅等を含む全住宅。総件数は1相談での複数の不具合を含むため、相談件数（2012年度は11194件）に占める割合は3割程度高い

出典●住宅リフォーム・紛争処理支援センター『住宅相談統計年報（資料編）』2010、2013年度より作成

のに、その最も根源的な機能にかかわる故障と言える雨漏りを、なぜいまだに根絶できないのでしょう。

おそらく、その理由は住宅の一品生産性にあります。パソコンなどの工業製品は標準の設計と工程で同一規格のものが多量に生産されます。一つの製品に不具合がでると、設計と工程の修正は、すべての製品に反映され、これを繰り返すうちに故障率は急速に下がっていきます。一方、敷地条件、発注者の要求、施工の条件が一つ一つ異なる戸建て住宅においては、標準化が進んだ住宅メーカーが手掛けるものを除くと、個別の住宅で発生した故障への対応が、その後の設計や施工にフィードバックされにくく、同じ種類の原因の事故が繰り返される構図になっています。

雨漏りは、住宅だけの問題ではありません。とりわけ、著名な建築家が設計し、斬新なデザインが話題を呼んだ建物での雨漏り

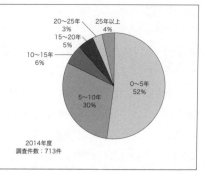

図2●雨漏りについて相談した住宅の築後年数
築後10年以内で発生する雨漏りが大多数を占める

出典●住宅リフォーム・紛争処理支援センター『住宅相談統計年報（資料編）』2015年度より作成

の報道は後を絶ちません。真偽のほどは分かりませんが、わが国の建築界で最も権威があるとされている、ある作品賞の歴代受賞作では、軒並み雨漏りが起きているという噂を聞いたことがあります。近代建築は累々たる雨漏りの墓標の上に成立したと言っても過言ではないかもしれません。

コンペで首位を勝ちとったデザインで建てられた超高層庁舎が、建設後15年で屋上防水や外壁目地から発生した雨漏りの補修に莫大な費用の支出が必要になったことは広く報じられました。つい最近も、大胆な変形屋根デザインが評判を呼んだ公共建築物が、竣工直後から、雨漏りに加えて、初期含水に起因すると見られる内部結露による水漏れ事故を繰り返していることが報道されています。

建築家の豊かな発想と、常に新しいデザインの可能性を追求する姿勢は敬服すべきものです。そして、そこから生まれる建築作品が私たちの感性を動かし、生活を豊かにしてくれることは否定できません。しかし、発注者の大きな期待のもとに多大なコストをかけて生まれるこれらの建築作品で雨漏り事故が繰り返される背景として、設計者を含め、建築のつくり手側であるすべての人

  雨に強い家づくり

間の気持ちの中に、何か欠けているものがないか、考えてみるべきだと思います。

筆者がまだ若年の頃です。勤務先の大学で先輩の設計の先生から冗談交じりにこう言われました。「君の研究テーマは雨仕舞だそうだが、建築の長い歴史を通じて雨漏りがいまだに繰り返されているのは、建築技術として雨漏りは放っておいてよい問題だということを物語っているのではないか」。挑発的な物言いに反発を覚えながらも、たしかに一面真理を突いているようにも思え、反論もできずに引き下がったことを覚えています。

しかし、今にしてこう反論すべきだったと考えるのは、この言葉の源には建築のつくり手の発想だけがあり、雨漏りによって被害を受ける使い手の視点は含まれていないということです。雨漏りは建物の発注者、使用者を失望させ、物理的な損害だけではなく、建築の供給者に対する不信感をもたらし、時には紛争の火種となって、人々の心に深い傷を負わせます。決して放ってはおけない問題です。

つくり手側に少しでも上のコメントに代表されるような認識があれば、雨漏りを根絶することは難しいでしょう。確かに雨漏りで人が死ぬことはありません。しかし、建築のクレーム件数のトップの座を守り続ける雨漏りが、社会に対して物質的、精神的にどれだけ大きなダメージを与えているかという現実をしっかり見つめて、問題の解決に取り組まなければならないと思います。知恵だけでは十分ではない。最後は気持ちの問題だと考えます。

雨漏りが一向になくならない現状を、このまま続けるのか、変えていくのか、その分かれ道は結局、「雨漏りは必ず起きるもの。起きたら直せばよいだろう」と考えるか、「絶対に起きないように最善を尽くそう」と考えるか、読者の皆さんの心の中にあります。

Q 50

雨仕舞と宇宙工学の共通点は？

これまでの話では、建物に対する降雨の作用や、各部の雨水を適切に処理するための納まりなど、雨仕舞の基礎的な知見や具体的な手法を取り上げてきました。最後に、良い雨仕舞を実現し、雨に強い住宅をつくる上で役立てたい三つの知恵についてお話しします。

伝統に学ぶ知恵

国内各地の伝統的な建造物が保存されているまちなみを訪れると、土地それぞれの特色のある木造建築が見られます。これらの建物が建てられた時代には、モルタルやサイディング、金属建具といった耐水性のある外装材はなく、まして FRP やシーリング材などの防水材は影も形もありませんでした。この時代の建物が風雨をしのぎ、長く耐え残るためには、外部に極力雨がかりを防ぐ工夫を凝らし、細部に水切りや水返し、水抜きなどの雨水処理の工夫を織り込むことが不可欠でした。

つまり、風雪に耐えて生き残った伝統的な家屋の外まわりの構造や形態は、雨仕舞のお手本そのものだと言うことができます。

↑ 雨に強い家づくり

「Q29：水切り瓦は本当にしっくい壁を風雨から守っている？」
で紹介した水切り瓦の絶大な雨除け効果はその好例です。しかし、
だからと言って、しっくいや瓦を設計に取り入れさえすればよい
というわけではありません。

　時代は移り、建築材料や構法システムは大きく変化しています。
建築を取り巻く様々な環境も同じではありません。伝統的建築の
形態や納まり詳細を設計に取り込むことは不可能な場合が多く、
また、それらの成立条件を忘れて形態だけを真似することが思わ
ぬ失敗につながる恐れもあります。伝統に学ぶということは、形
態や納まりそのものではなく、そこで成り立っている雨仕舞の基
本を原理に立ち帰って理解し、現代の材料構法に合わせて応用す
ることと言えます。

失敗を活かす知恵

　「Q49：雨漏りはなぜなくならない？」で、雨漏りが一向にな
くならない理由が、建築の一品生産性にあると述べました。しか
し、失敗した経験は、必ず建物をつくる人の中に残り、その後の
家づくりに活かせるはずです。

　過失を経験として活かすために第一に重要なことは、自分が設
計や工程に責任を持った住宅で万が一雨漏りが起きたら、処置を
人任せにしないことです。次にクロスの張替えや、とりあえず怪
しいところにシーリングを打っておくなど、その場しのぎの補修
で済ませないことです。徹底的に原因を究明してください。必要
なら検査会社や雨漏り診断士などの専門家の手を借りましょう。
原因となった事象が判明したら、次にその事象を招いた設計、工
事、管理体制のどこに構造的な欠陥があったのかを考え、その欠
陥が再発しないように是正を図ることです。忙しい日常の業務の

中、実行するのは難しいことかもしれませんが、こうしなければ雨漏りの根絶は不可能です。

信頼性工学の知恵

住宅に限らず、およそ人がつくるものに故障はつきものです。ある機能を持つシステムが所期の期間、要求される機能を果たせる確率、信頼度を扱う分野が信頼性工学です。この分野でシステム全体の信頼性を高めるため、一部に故障が起きた場合に備えてあらかじめバックアップシステムを用意しておく考え方があります。2003年に打ち上げられて以来、7年間にわたって宇宙のかなたで数々のトラブルに見舞われながらもそれをすべて乗り越え、ミッションを達成して見事地球に帰還した、小惑星探査機「はやぶさ」の成功や、福島第一原発事故の決定的な引き金になった冷却用全電源喪失の問題をめぐって、このバックアップシステムが話題になりました。

バックアップシステムを用意する考え方は雨に強い家づくりにも活かせるものです。「Q42：水抜きの急所はどこ？」で触れたバルコニーのドレンに併用するオーバーフロー管はまさにその例です。屋根の下葺き材、外壁の通気層や防水紙もこれに通じるものと言えますが、これを本当のバックアップシステムとして位置付けるなら、普通そうしているから、と漫然と施工するのではなく、万が一そこに雨水が達したら、完璧に水を処理できるような工事をするのでなければ意味がありません。

やや古めかしい表現では、二重三重の備え、念には念を入れよということになるのでしょうか。これこそが、限られた素材と生産手段を使って雨風から家を長い間守り続けるために、先人が生み出し、受け継がれてきた雨仕舞の根底にある知恵です。

☂ 雨に強い家づくり

参考文献

全般 ●	1	石川廣三『雨仕舞のしくみ　基本と応用』彰国社、2004
	2	石川廣三「雨仕舞の話 ①雨の降り方」 (『JIO 楽間（JIO 友の会情報誌）』3 号、pp.9-12) 2010.7
	3	同上　「②雨がかりを避ける」(『JIO 楽間』4 号、pp.9-12) 2010.10
	4	同上　「③建物表面の雨水の動きを考える」(『JIO 楽間』5 号、pp.13-16) 2011.1
	5	同上　「④建物表面の雨水処理」(『JIO 楽間』6 号、pp.13-16) 2011.4
	6	同上　「⑤隙間の雨水の動きを考える」(『JIO 楽間』10 号、pp2-7) 2012.7
	7	同上　「⑥隙間に入り込む雨水の処理（その 1）」 (『JIO 楽間』11 号、pp.10-12) 2012.10
	8	同上　「⑦隙間に入り込む雨水の処理（その 2）」(『JIO 楽間』12 号、pp.11-13) 2013.1
	9	同上　「⑧雨水を導く」(『JIO 楽間』21 号、pp.16-19) 2016.7
	10	同上　「⑨水を抜く」(『JIO 楽間』22 号、pp.16-19) 2016.10
	11	同上　「⑩雨に強い家造りを目指す」(『JIO 楽間』23 号、pp.16-19) 2017.1
Q02 ●		『瓦屋根工事技士研修用テキスト 第 7 版』全日本瓦工事業連盟、2013
Q03 ●		石川廣三「水を防ぐ建築技術、雨仕舞と防水の歴史」(日本建築学会 2004 年大会、材料施工部門パネルディスカッション資料) 2004.8
Q04 ●	1	石川廣三「平板系屋根葺き材重ね部への浸水および埃堆積機構に関する基礎的検討」 (日本建築仕上学会 2008 年大会研究発表論文集、pp.283-286)
	2	石川廣三「降雨を受ける外装材垂直接合部の外部側開口における水膜形成条件」 (日本建築学会 2005 年大会梗概集、A-1、材料施工、pp.895-896)
	3	石川廣三「降雨を受ける外装材水平接合部の外部側開口における水膜形成条件」 (日本建築学会 2007 年大会梗概集、A-1、材料施工、pp.941-942)
Q07 ●	1	日本建築学会『建築工事標準仕様書 JASS 12 屋根工事・同解説（2004 年改定版）』 2 節「屋根工事の目標性能」
	2	石川廣三「壁面の雨がかり性状および湿害発生要因としての雨水浸入の重要性」 (日本建築学会熱環境運営委員会第 44 回熱シンポジウム資料 「役に立つ湿気研究」、pp.49-54) 2014.10
Q09 ●		石川廣三「下見板および羽目板張り外壁の防水性試験」 (日本建築学会 1980 年大会梗概集、構造系、pp.449-450)
Q10 ●		石川廣三「モルタル・コンクリート外壁の微細ひび割れからの漏水性状」 (日本建築学会構造系論文集　第 610 号、pp.21-27) 2006
Q11 ●		Anderson J.M. and Gill J.R.,Rainscreen Cladding,a guide to design principles and practice, Butterworths,1988
Q12 ●	1	石川廣三「定常状態における等圧空間の外部との圧力平衡条件およびその防水性との関連について：等圧原理を応用した外装材の防水設計に関する基礎的研究：等圧空間の圧力平衡条件に関する検討（その 1）」(日本建築学会構造系論文集　第 591 号、pp.7-12) 2005
	2	石川廣三「変動外部圧力に対する等圧空間内部圧力応答の算定方法：等圧原理を応用した外装材の防水設計に関する基礎的研究：等圧空間の圧力平衡条件に関する検討（その 2）」 (日本建築学会構造系論文集　第 595 号、pp.25-30) 2005
	3	石川廣三、加藤雄介「変動外部圧力に対する等圧空間内部圧力応答の算定方法（内外に開口を持つ中空箱モデルによる検討）：等圧原理を応用した外装材の防水設計に関する基礎的研究」 (日本建築学会 2008 年大会梗概集、A-1、材料施工、pp.37-38)

Q13 ● 小池迪夫、田中享二、橋田浩ほか「棒状繊維材料を用いた勾配屋根の防雨性能：ガラス棒を用いた場合」(日本建築学会 1985 年大会梗概集、構造系、pp.135-136)
※本報告に続いて、同著者らにより同一主題で 15 編の発表がなされている。

Q16 ● 二宮洸三「地球の降水」(『天気』61 巻 2 号、pp.29-34) 2014

Q17 ● 前出 Q07-2 文献

Q19 ● 西田和生、伊藤弘「戸建住宅における漏水事故の実態と降雨外力の関係」
(日本建築学会関東支部研究報告集、構造系 56 号、pp.301-304) 1985

Q20 ● 1 石川廣三「建物におよぼす風雨の作用と関連する不具合」
(日本風工学会誌 42 巻 3 号、pp.227-236) 2017.7

2 住まいの屋根換気壁通気研究会主催、旭・デュポン フラッシュスパン プロダクツ株式会社後援：特別セミナー「日米比較 これからの木造住宅の耐久性とは」資料、2017.5

Q21 ● 武田喬男『雨の科学―雲をつかむ話』成山堂書店、2005

Q23 ● Blocken, B., Carmeliet, J., The influence of the wind-blocking effect by a building on its wind-driven rain exposure., Journal of Wind Engineering and Industrial Aerodynamics 94(2), pp.101-127, 2006.

Q24 ● 1 石川廣三、橋本佳大「壁面に衝突する雨滴の傾斜角の推定：外壁面におよぼす雨がかり負荷の評価に関する基礎的研究」(日本建築学会構造系論文集第 611 号、pp.13-20) 2007

2 石川廣三「軒の形状・寸法に応じた外壁面内の雨がかり分布の算定方法」
(日本建築学会構造系論文集 第 664 号、pp.1069-1075) 2011

Q26 ● 1 ポール・オリバー著、藤井明訳『世界の住文化図鑑』東洋書林、2004

2 布野修司編『世界住居誌』昭和堂、2005

Q32 ● 日経ホームビルダー編著『雨漏りトラブル完全解決』日経 BP 社、2017

Q34 ● 1 住宅リフォーム・紛争処理支援センター『住宅相談統計年報（資料編）』2015 年版

2 Canada Mortgage and Housing Corporation: Research Highlight, Technical series 98-102, Survey of Building Envelope Failures in the Coastal Climate of British Columbia, April 1998

3 日経ホームビルダー編集部「特集 1 雨漏り続出！「パラペット」＆「バルコニー」〜 1 億豪邸でずさんな雨仕舞い」(『日経ホームビルダー』第 219 号、pp.36-43) 2017.9

Q36 ● 1 日本住宅保証検査機構編、石川廣三監修『防水施工マニュアル』技報堂出版、2017

2 木村雄太、石川廣三、阿久根浩、楠木義正、牧田均「屋根の雨押え部における浸入雨水の挙動：その 1 壁面流下水の壁止まり軒部における浸入性状に関する実験」
(日本建築学会 2013 年大会梗概集、材料施工、pp.1361-1362)

3 牧田均、石川廣三、楠木義正、阿久根浩、木村雄太「屋根の雨押え部における浸入雨水の挙動：その 2 片流れ屋根棟部の散水実験および送風散水実験」
(日本建築学会 2013 年大会梗概集、材料施工、pp.1363-1364)

4 楠木義正、石川廣三、阿久根浩、木村雄太、牧田均「屋根の雨押え部における浸入雨水の挙動（その 3 壁面流下水の壁止まり軒部における浸入性状に関する実験）」
(日本建築学会 2014 年大会梗概集、材料施工、pp.803-804)

5 阿久根浩、木村雄太、石川廣三、牧田均、楠木義正「屋根の雨押え部における浸入雨水の挙動（その 4 外装材の厚み、勾配、表面形状と小口流下水量に関する実験）」
(日本建築学会 2015 年大会梗概集、材料施工、pp.1115-1116)

6 木村雄太、阿久根浩、石川廣三、牧田均、楠木義正「屋根の雨押え部における浸入雨水の挙動（その 5 壁止まり軒部の送風散水実験）」
(日本建築学会 2015 年大会梗概集、材料施工、pp.1117-1118)

7 国土技術政策総合研究所「共同研究成果報告書：木造住宅の耐久性向上に関わる建物外皮の構造・仕様とその評価に関する研究」、第Ⅳ章「木造住宅の水分に起因する劣化リスク分析・同解説」、第Ⅸ章「木造住宅外皮の設計施工に起因する不具合事例集」(国総研資料 第 975 号) 2017.6

参考文献

Q41 ● 前出 Q36-7 文献、第Ⅴ章「木造住宅外皮の雨水浸入リスク評価方法、関連報告（検証試験）」

Q43 ● 1　前出 Q36-7 文献、第Ⅺ章「木造住宅外壁の劣化対策重点部位の推奨納まり図（案）」

　　　2　北野公一、森田育男、石川廣三、宮村雅史「木造住宅の耐久性向上に関わる建物外皮の構造・仕様とその評価に関する研究　外壁開口上部目地の水処理構造の提案」
（日本建築学会 2014 年大会梗概集、材料施工、pp.777-778）

Q44 ● 1　長期優良住宅に資する屋根工法・仕様検討委員会「2009 年 11 月～ 2011 年 8 月活動報告書」全日本瓦工事業連盟、2011

　　　2　前出 Q36-7 文献、第Ⅹ章「通気下地屋根構法の設計施工要領（案）関連報告（検証試験）」

Q45 ● 全国瓦技術訓練校協議会編『厚生労働省認定教材「かわらぶき」』全日本瓦工事業連盟、2009

Q46 ● 前出 Q02 文献

Q47 ● 1　前出 Q20-2 文献

　　　2　石川廣三「木造住宅の耐久性向上と外皮内通気」『熱と環境（ダウ化工情報誌）』2016 年冬号、pp.2-7）2017.1

　　　3　住宅都市工学研究所編『真壁木造の長期優良住宅実現のための手引き書、内外真壁構造編』住宅都市工学研究所、2012. 2

　　　4　国土技術政策総合研究所「木造住宅モルタル外壁の設計・施工に関する技術資料」
（国総研資料　第 779 号）2014.3

　　　5　岩前篤、石川廣三、大西祥史、坂本雄三、神戸睦史、松尾和也「木造建築の耐久性向上を目的とした、実大木造建物の各部位における水分の挙動に関する研究　その 1　研究の概要、その 2　初年度の水分挙動」（日本建築学会 2017 年大会梗概集、環境工学Ⅱ、pp.211-214 ）

　　　6　石川廣三「木材の吸水速度および部分的に吸収された水分の乾燥速度の異方性について」
（日本建築学会 2006 年大会梗概集、材料施工、pp.1005-1006）

　　　7　石川廣三「木造住宅の耐久性向上に関わる建物外皮の構造・仕様とその評価に関する研究　浸入雨水による軸組部材仕口部の湿潤性状の検討」
（日本建築学会 2016 年大会梗概集、材料施工、pp.1119-1120）

　　　8　平成 28 年度林野庁委託事業「CLT の性能データ収集・分析」報告書、第 8 章「CLT を下地とした屋根・バルコニーの事故的雨がかりの影響」木構造振興（株）、2017.9

Q49 ● 前出 Q34-1 文献、2010、2013、2015 年度版

● 2003 年以前に刊行され、前著『雨仕舞のしくみ』巻末に記したものは省いた

あとがき

　大学院で水切りの所要寸法を研究テーマに選んで以来、雨仕舞の研究を続けて50年になります。大学に勤めていた頃は、遅々とした歩みでしたが、雨仕舞の基礎原理について知見を積み上げることに専念してきました。定年退職後は、それを雨漏り紛争の処理や、業界の皆さんと協働して行った研究活動を通じて雨仕舞の実務に役立て、ささやかながら社会に貢献することができました。

　古希を過ぎた現在は自分の中に蓄積した知見や経験を次の世代に活用してもらえるよう、分かりやすく伝えていくことが使命と考えています。その一環として本書を出版できたことは、大変幸せなことです。

　本書の内容は、筆者が2010年から2016年にかけて、JIO（日本住宅保証検査機構）友の会の情報誌『ジオ楽間（ラマ）』に執筆した、シリーズ「雨仕舞の話」がベースになっています。2004年の前著『雨仕舞のしくみ　基本と応用』では産みの苦しみを味わった記憶がありますが、今回は短い章立てのせいもあり、頭に浮かぶまま楽しんで書きました。そのためか、今、読み返してみると、テーマは雨仕舞から、その背景である風土や屋根と外壁の構法原理、耐久計画まで広がり、自分が特に関心を持ってきた事柄を残さず盛り込むことができたのではないかと思います。

　本書が、読者の皆さんに楽しんで読んでいただけるものになり、また日本の住宅や建築を雨に対してより安全で長持ちするものにしていくために、少しでも役立つことを願っています。

著者紹介
石川廣三
(いしかわ ひろぞう)

1942年、東京都生まれ。1969年、早稲田大学理工学研究科博士課程終了。1976年、工学博士（早稲田大学）。1969年より2008年まで東海大学工学部建築学科で教職に就く。担当は建築材料および構法。現在、同大学名誉教授。
　専門は屋根および外壁の防雨・耐久計画。日本建築学会材料施工委員会内外装工事運営委員会の各種委員会主査、全瓦連瓦工事技士資格審査委員長、国交省中央工事紛争審査会委員、東京地裁民事22部調停委員、住宅の耐久性に関わる諸団体の調査研究委員会委員長を歴任、2007年日本建築学会論文賞受賞
著書● 『屋根と壁の構法システム』（共著、建築技術）
『構造の世界』（訳書、丸善）
『雨仕舞のしくみ―基本と応用』（彰国社）ほか

Q&A 雨仕舞のはなし
2018年8月10日　第1版　発　行

著　者	石　川　廣　三	
発行者	下　出　雅　徳	
発行所	株式会社　彰　国　社	

著作権者との協定により検印省略

自然科学書協会会員
工学書協会会員

Printed in Japan
©石川廣三　2018年
ISBN 978-4-395-32115-5　C3052

162-0067 東京都新宿区富久町8-21
電話　03-3359-3231（大代表）
振替口座　00160-2-173401
印刷：壮光舎印刷　製本：プロケード
http://www.shokokusha.co.jp

本書の内容の一部あるいは全部を、無断で複写（コピー）、複製、および磁気または光記録媒体等への入力を禁止します。許諾については小社あてにご照会ください。